KB183630

뉴 노멀 ESG

뉴 노멀 ESG

발행일 2024년 11월 18일

지은이 오세열
펴낸이 손형국
펴낸곳 (주)북랩
편집인 선일영 편집 김은수, 배진용, 김현아, 김다빈, 김부경
디자인 이현수, 김민하, 임진형, 안유경, 한수희 제작 박기성, 구성우, 이창영, 배상진
마케팅 김회란, 박진관
출판등록 2004. 12. 1(제2012-000051호)
주소 서울특별시 금천구 가산디지털 1로 168, 우림라이온스밸리 B동 B111호, B113~115호
홈페이지 www.book.co.kr
전화번호 (02)2026-5777 팩스 (02)3159-9637

ISBN 979-11-7224-369-2 03320 (종이책) 979-11-7224-370-8 05320 (전자책)

미래 경영 프런티어를 표방하는 기업의 새로운 선택

뉴노멀 ESG

•오세열 지음•

주주 자본주의는 지고, 이해관계자 자본주의가 뜬다.
환경과 사회, 지배구조를 아우르는 ESG 경영을 실현하라!

추천사

자본시장과 기업경영에서 시작된 ESG가 이제는 사회 전반에까지 영향을 미치는 새로운 패러다임으로 등장하였습니다. 지난 2015년 글로벌 기후 변화에 대한 파리협정(Paris Agreement) 이후 세계 주요 국가와 기업들은 ESG을 주요 기준으로 삼고 있습니다.

이러한 시대적 흐름에 따라 최근에 새로운 자본주의 패러다임을 견인한 글로벌 3대 지속가능성(ESG) 공시 기준인 국제지속가능성기준위원회(ISSB), 유럽연합(EU)의 기업 지속가능성공시기준(ESRS), 미국 증권거래위원회(SEC)의 '기후 공시 규칙'이 확정되었습니다.

영국, 호주를 비롯해 싱가포르, 일본 등 국가에서도 ISSB 기준을 바탕으로 2024~2025년 중 지속가능성 공시를 의무화하는 방안을 추진하고 있습니다.

우리나라도 금융위원회에서 2024년 4월 30일 기후 관련 공시 기준안이 발표하여 2024년 ESG에 대한 기업 대비의 '분수령'의 시점에 있습니다. 이와 같은 시점에서 'ESG 정보공시 의무화 시대, 기업은 무엇을 준비해야 하는가?'에 대하여 의문점을 던질 수가 있습니다.

이러한 의문점을 해소하고, 준비하기 위한 본서는 매우 짜임새 있게 구성된 훌륭한 저서입니다. 본서는 지속 가능한 전략을 위한 새로운 이정표라고 할 수가 있습니다.

본서의 저자가 탁월한 전문성과 깊이 있는 통찰력을 가지고 쓴 이 저서는 어떠한 조직에서도 그 가치를 발휘할 것입니다. 지속 가능한 미래를 위한 준비서로 강력히 추천하는 바입니다.

2024년 7월 18일

국제ESG심사원협회 이사장

미드웨스트대학교 ESG경영 전공 주임교수

경영학박사 김영국

프롤로그

대기업 CEO들이 신년사에서 공통적으로 사용하는 키워드는 ESG, 친환경, 지속, 미래, 성장 등이다. 이를 종합하면 기업은 지속 가능한 미래 성장 경영에 모멘텀을 두며 ESG 경영에 모든 역량을 쏟겠다는 의지를 보여 주고 있다. ESG 경영은 최고경영자의 아젠다로 자리 잡고 있다. 최근 기업 비즈니스 측면에서의 화두는 단연코 ESG이다. 1970년대 밀턴 프리드먼이 주장한 이래 경제·경영 전반을 30여 년간 지배해 왔던 주주자본주의가 빛을 잃고, 이해관계자자본주의가 화두로 떠오르고 있다. 팬데믹과 기후 변화로 인해 ESG에 대한 관심이 크게 촉발되었고, 기업경영의 틀이 주주자본주의에서 이해관계자자본주의로 수정되고 있다. 이로 인해 경영학 교과서가 수정되어야 할 필요성이 제기되고 있다. 이해관계자자본주의는 기업이 주주 가치뿐만 아니라

기업과 관계를 맺고 있는 모든 이해관계자의 가치 극대화를 추구하는 자본주의를 의미한다. 이해관계자는 기업의 목적 달성에 영향을 주고받는 개인이나 집단을 일컫는다. 주주, 종업원, 공급자, 고객, 지역 사회, 정부 등 거의 모든 사회 구성원이 기업의 이해관계자라고 해도 과언이 아니다. 환경(Environmental)·사회(Social)·지배구조(Governance)와 연관된 이해관계자들의 요구는 일시적 유행이 아니라 인류가 반드시 풀어야 할 숙제이며, 거스를 수 없는 뉴 노멀(New Normal)이 되고 있다. 환경적 측면에서는 탄소 중립이라는 온실가스 감축 목표와 신재생에너지 활용, 새로운 무역 장벽으로 대두되는 탄소국경조정제도, 스튜어드십 코드에 따른 투자자의 경영 요구 확대 등이 새로운 기업 경쟁력의 화두로 떠오르고 있다. 사회적 측면에서는 인권 환경 실사, 중대재해처벌법 시행, 공유 가치 창출 등 다양한 요구 사항이 날로 증대되고 있다. 이러한 니즈가 기업의 비용으로만 인식된다면 지속가능경영은 이룰 수 없는 목표가 될 것이다. 그러나 ESG 경영을 통해 미래 세대와 공감하며 사회적 가치를 높이고 건강한 지배구조를 이루어 나간다면, 기업은 비용을 넘어서는 기업 가치를 달성하게 될 것이다.

상장기업에 대한 해외기관투자자의 주식 보유 비율이 날로 높아지고 있는 현실에서 국내 기업들이 ESG에 대한 고려를 등한시할 수 없다. ESG 경영을 중심 과제로 삼지 않는 기업은 투자 대상에서 배제되는 상황이 전개되므로 자본 조달에 차질을 가져온다. 오늘날 ESG 경영은 기업의 브랜드 가치를 높인다는 차원을 넘어서서 기업의 본질적 가치이자 핵심 요소로 인식되고 있다. 기업 실적이 아무리 좋아도 환경·인권·노동·지배구조 등 분야에서 이해관계자 눈높이를 맞추지 못하면 큰 위기를 초래할 수 있다. ESG 경영으로 기업은 고객에게 가치를 제공하고, 공급업체를 공정하게 대우하며, 지역 사회를 지원함으로써 기업의 성장과 발전뿐 아니라 주변 공동체의 번영도 동시에 이루며 공유 가치를 실천한다. 결국 ESG 경영이 선순환고리를 만들어 사회의 공존 공영을 이룬다는 것이 이해관계자자본주의의 핵심이다. EU는 기업 지속가능성보고지침(CSRD)을 공시했고, 미국 증권거래위원회(SEC)는 기후공시의무화를 고지했으며, 국제지속가능성기준위원회(ISSB)는 전 세계적으로 통용되는 ESG 공시기준을 발표했다. 이제 기업은 ESG 경영을 단순히 대외 홍보나 의식적인 특별 활동으로 여기지 않고 기업 본연의 것으로 내재화(Internalization)하여 지속가능성경영을 확보하는 것이 지상 과제가 되었다. 자율 공시 기간이 지나면 2030년부터 모든 상장사가 지속가능보고서를 의무 공시 하도록 규정하고 있다. ESG 전반에 대한 이해와 실무에서 도움이 되고자 이 책을 쓰게 되었다. ESG에 대한 지평을 넓혀 주신 국제ESG심사원협회 김영국 이사장님께 감사드린다.

차례

1 ESG 이해

2

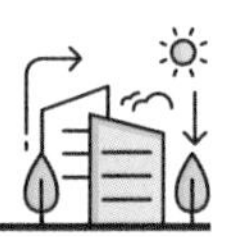

ESG 경영

3

ESG 경영의 주요 이슈

4 글로벌 ESG 투자와 금융

5 ESG 이니셔티브

1

ESG 이해

1) ESG 개념과 지속가능경영

경영학의 대가 피터 드러커는 “기업에게 수익은 산소와 같다. 수익을 충분히 창출하지 못한 기업은 도태된다. 그러나 만약 인생을 숨 쉬는 것만이라고 생각한다면 무언가를 놓치고 있는 것이다.”라고 말했다. 기업이 수익을 창출하는 과정에서 환경과 사회를 병들게 한다면 구성원들의 미래는 보장받지 못할 것이다. 최근 미국 캘리포니아 지역을 휩쓴 산불로 인해 서울시 면적의 1/3이 전소되었고, 지구 곳곳에서 발생하는 폭염, 홍수, 태풍, 한파, 가뭄 등의 자연재해가 매년 심화되고 있다. 이는 자연 스스로가 해 왔던 기후 조절 기능을 상실한 것이 중요한 원인으로 작용했다. 이러한 각종 재해는 즉각적으로 인류의 건강을 위협하고 있다. 기후 변화로 인해 기존 열대 관목지대가 열대 초원지대와 낙엽수림으로 변함에 따라 코로나19 바이러스의 숙주 역할을 하는 박쥐가 서식하기에 적합한 환경이 되어 박쥐의 종과 개체 수를 증가시켰다. 지난 2년 동안 전 세계를 힘들게 했던 코로나19 팬데믹(Pandemic: 대유행)은 코로나19 엔데믹(Endemic: 풍토병)으로 종결되었지만, 위드코로나(with corona)시대가 계속되고 있다. 코로나19 전염병이 닥치자 사람들의 문화생활 패턴이 초기 컨택트(Contact)시대에서 비접촉 방식의 언택트(Untact)시대로 변화되었다. 코로나19가 진정되자 사람끼리의 접촉을 최소화하려는 경향은 그대로 남아 있어 의식주는 물론 라이프 스타일과 삶의 방식, 강의 패턴까지 온라인을 통한 외부와의 연결을 의미하는 온택트(Ontact) 패러다임으로 진화되어 갔다. 그리하여 온라인 매출이 크게 증가되는 시대에 이르렀다. 이러한 사회적 문화 패턴과 소비자 마인드 변화에 부응하여 환경, 사회, 지배구조의 핵심 이슈들에 대한 ESG 경영을 내재화하는 작업이 활발하게 진행되고 있다.

ESG(Environmental, Social, Governance)라는 용어에서 흔한 오류는 이를 환경, 사회, 지배구조라는 명사로 이해하는 경우이다. 그러나 E와 S는 형용사이고, G는 명사다. E와 S 뒤에는 이슈라는 단어가 붙어야 하고, G도 사실상 지배구조에 관한 이슈로 이해되어야 한다. ESG의 시작은 환경 이슈와 사회적 이슈, 그리고 지배구조에 관한 이슈이다. 이러한 세 가지 이슈를 기업들이 어떻게 관리하는지에 대한 개별적인 평가가 필요했다. 그래서 수많은 평가 기준과 평가 기관이 탄생하였다. 그 평가 기준에 따라 평가 답안을 작성한 것이 지속가능보고서이다.[1)]

---

1) 문성후(2021), 『부를 부르는 ESG』, 88p, 플랜비디자인, 2021.

ESG는 지구온난화 문제로 촉발되었기 때문에 E(환경)가 가장 중요한 것으로 여겨지고, 그 다음이 S(사회)와 G(지배구조)이다. ESG 의제 가운데 사회 부문의 요소는 인권, 기업윤리, 공급망 관리, 다양성과 포용성 등이 포함되어 있다. 또한 인종 차별, 소득불평등 등은 기업경영과 지속 가능성에 지대한 영향을 준다. 지배구조는 E와 S 논의의 뒷전으로 밀려 있는 것처럼 보인다. 그러나 E와 S에 대한 올바른 의사 결정을 하려면 G(지배구조)가 잘 되어 있어야 한다. 즉, G는 ESG의 지휘본부(Headquarter) 역할을 한다. 투자자와 이사회, 최고경영자가 ESG를 촉진하기 위해 어떻게 연결되고 협력해야 할지를 다루는 것이 곧 지배구조이다. 지속 가능성을 확보하기 위해 장기 투자자가 어떤 ESG 투자 전략을 가지는지를 예의주시하고, 최고경영자의 도덕적 해이 등을 감시한다. 그 밖에 탄소 감축과 환경 오염 문제, 사회적 양

E, S, G의 상관관계

G는 E와 S의 방향설정과 활성화를 도모한다.

자료 : Wikipedia

극화와 인권, 안전 문제 등을 다룬다.

ESG 세 요소의 상관관계는 Environmental(환경)과 Social(사회)이라는 두 마리 말이 이끄는 역마차를 Governance(마부)가 조종하고 있는 상황에 비유할 수 있다.

이 마차가 정해진 방향으로 나아가려면 E와 S를 G가 잘 컨트롤해야 한다. G가 말들이 나아갈 방향과 속도를 조절해 주지 않으면 말들은 제멋대로 나아가거나 마차가 길을 벗어나 뒤집히게 될 것이다. 반대로 E와 S가 없는데 G만 혼자 있어도 이 마차는 아무 쓸모가 없다. 이와 같이 조직 내에서 지속 가능한 ESG 모델이 존재하려면 환경과 사회적 문제를 잘 조정하고 컨트롤하는 지배구조의 역할이 매우 중요하다.[2)]

화이트 스완(White swan, 백조)은 으레 흰색이라는 고정 관념을 가지고 있었으나, 17세기 오스트레일리아에서 블랙 스완(Black swan, 흑조)이 발견되자 학계에서는 불가능하다고 인식된 상황이 실제 발생하거나 예상하지 못한 사태가 발생했을 때를 은유적으로 블랙 스완이라고 부르게 되었다. 그 사례로서 911테러와 글로벌 금융 위기, 코로나19 팬데믹, 기후 위기를 들 수 있다. 이들 사건은 아무도 예측하지 못했고, 그 파장은 엄청났으며, 충격적이었다. 세계 도처에서 100년 이상 역사를 가진 굴지의 기업이 하루아침에 파산하고 사업장 폐쇄, 공급망 붕괴, 비

2) 강지수 외(2022), 『2050 ESG 혁명』, 281-283p, RAONBOOK.

White swan

Black swan

대면 확산, 고객 가치의 본질적 변화를 경험하는 상황이 전개되었다. 블랙스완 사태가 발생하면 온 세계의 전문가와 정부가 머리를 맞대고 해결책을 찾아내고 극복한다. 문제는 기후 변화가 사회 전반에 가져온 위기인데, 일단 발생할 경우 회복이 어렵고, 인류의 미래까지 영향을 미치는 재앙으로 확대된다. 온실가스에 의한 지구온난화로 인해 가뭄과 홍수, 태풍, 해수면 상승 등과 같은 기후 변화를 초래하고, 이는 동식물 멸종, 전염병 창궐, 식량 부족 등을 야기해 결국 미래 인간의 삶을 바꿔 놓을 것으로 예상된다.

국제결제은행(BIS; Bank for International Settlement)이 블랙 스완을 그린 스완(Green Swan)으로 변형하여 2020년에 최초로 제시했다. 인간 활동이 대기와 해양, 빙하의 온난화 현상에 영향을 미치며 지구 온도가 산업화 이전보다 1.09도 상승하고, 대기 중 이산화탄소 농도가 200년 만에 최고 수준에 이르렀다. 기상이변이 속출하여 폭우, 가뭄, 태풍, 폭염, 혹한, 산불이 늘어나고 있다. 온실가스를 줄이고 탄소중립을 실현하지 않으면 지구에 재앙이 닥칠 것은 자명한 일이다. 불확실성과 예측 불가능성이 기업의 발목을 잡는 시대에 ESG 경영이 과연 기업의 뉴 노멀이 되는가. 세계 최대 펀드분석회사 모닝스타가 펀드 성과를 분석한 결과 ESG 이슈를 고려한 지속 가능성 수익률 지수가 전체 시장 수익률 지수보다 높게 나타났다. 이는 ESG 경영을 하는 지속 가능 기업이 그린 스완 상황에서 회복 탄력성이 높고 침체기에 더 좋은 성과를 낸다는 실증 결과이다.

우리 사회의 핫 이슈는 ESG와 제4차 산업혁명이다. 제4차 산업혁명은 정보통신 기술(ICT)의 융합으로 이루어지는 차세대 산업혁명으로서 핵심은 인공지능, 로봇공학, 사물인터넷, 무인 자동차, 3D 프린팅, 나노 기술, 빅 데이터 분석 등과 같은 7대 분야의 기술 혁신이다. 그런데 제4차 산업혁명보다 더 관심을 끄는 것은 ESG이다. 특히 코로나19 이후부터 ESG에 대한 관심과 연구가 급증하고 있다. 환경 측면에서는 기업이 자원과 에너지를 수 세기 동안 사용한 결과 온실가스, 대기 오염, 물 사용, 폐기물, 생물다양성 등이 지구 환경에 어떤 영향을 미치는가가 관심의 초점이다. 사회에 대한 배려는 인권 문제, 고용 문제, 평등과 공급망 실사, 산업 재해 등에 대한 대응이다. 지배구조는 건전한 기업경영을 위해서 기업 조직 및 관리를 체계적으로 구축하고 내부 통제와 투명한 정보 공개를 강화한다. 기업은 끊임없는 변화와 혁신 과정에서 인류가 직면한 다양한 문제를 해결해 왔다. 기업 활동과 연관된 사람과 집단, 기관 등은 기업에 대해 크고 작은 스테이크(stake)를 가지고 있으며, 이들을 이해관계자(stake-holder)라 칭한다. 기업이 이해관계자 모두와 공존공영하는 경영 방식을 모색하게 된 것이 이해관계자자본주의이다.

ESG를 기업의 뉴 노멀로 삼고 이해관계자를 고려하는 것이 기업이 사회적 책임(CSR)을 감당하고 재무적 이익 극대화를 이루며, 지속 가능한 성장 목표를 달성하는 지름길이다. 결국 ESG를 수용함으로써 기업 이미지가 개선되고, 환경과 인권 친화적인 기업으로 인식된다.

ESG 이슈는 2000년대 초반 전 세계를 풍미했던 경영혁신전략인 6시그마 운동과 같이 기업의 관심을 반짝 끌었다가 사라지는 구호에 그치는 것은 아닌가 하는 의문을 제기하는 사람들이 있었다. 또한 초창기 환경 문제가 대두되자 정부와 기업, 투자자들은 심각하게 여기지 않고 그저 조깅하면서 쓰레기를 줍는 플로깅(plogging) 캠페인 정도로 해결할 수 있을 것으로 인식했다.

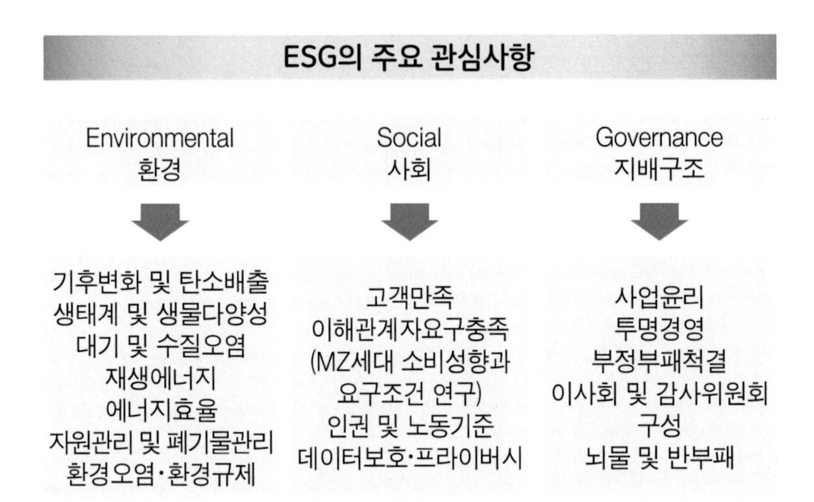

그러나 온실가스 배출로 인한 기후 변화와 지구 환경 훼손이 인류의 생존을 위협하는 문제로까지 비화되자 지속가능경영을 목표로 하는 기업들은 환경과 사회와 지배구조 문제를 종합적으로 검토하게 되었다. 이제는 ESG 문제를 우선적으로 고려하지 않고서는 기업의 장기 생존은 물론 지구와 인류의 미래도 보장받지 못한다. 온실 효과는 대기 중 온실 기체에 의해 지구 표면 가까이에 열들이 갇히는 것을 의미한다. 1997년 교토의정서에서 6대 온실가스로 이산화탄소(CO2), 아산화질소(N20), 수소불화탄소(HFCs), 메탄(CH4), 육불화항(SF6), 과불화탄소(PFCs) 등을 정의했다. 이중 이산화탄소가 전체 온실가스 배출의 80%를 차지하므로 본 저서에서는 온실가스와 이산화탄소 또는 탄소를 동의어로 사용한다. 환경 분야의 문제는 과거 이른바 굴뚝기업들이 대량으로 방출해 온 탄소로 인해 생태계 파괴, 기상 이변으로 인한 폭염, 혹한, 산불 등 기상 이변이 늘어나게 되었다. 온실가스를 줄이고 탄소중립을 실현하지 않으면 지구에 재앙이 올 것으로 예상되고 있다.

워런 버핏은 명성을 쌓는 데는 20년, 망치는 데는 5분이 걸린다고 했다. 사회적으로 인권과 아동 학대로 인해 그동안 쌓았던 명성을 일순간 잃어버린 사례로 나이키를 들 수 있다. 나이키는 어린 파키스탄 소년에게 시간당 6센트를 주며, 나이키 로고가 새겨진 축구공을 바느질하는 노동을 시켰다. 이 사진이 잡지에 실려 전 세계에 알려지자 아동 노동 학대로 인한 인권 탄압 문제가 부각되었다. 곧 '나이키 보이콧' 캠페인이 전 세계적으로 일어났고, 그 이듬해 나이키는 시가총액의 절반 이상을 잃었다.

나이키는 잃어버린 명성을 되찾는 데 6년이란 세월이 걸렸다. 또 다른 사례로서 베트남전쟁 당시 미군이 네이팜탄을 베트남 민가에 발사했다. 이때 9세 베트남 소녀 킴쿡이 벌거벗은 채 놀라 도망가는 모습이 대대적으로 보도되자 전 세계 시민들의 공분을 불러일으켰다. 반인륜적인 네이팜탄과 생화학무기, 고엽제 등을 만드는 '다우 케미칼'이라는 회사가 한국과 미국을 비롯한 전 세계에서 지탄을 받게 되었다.

재무 정보만으로는 기업의 지속성과 장기적 수익성을 보장받지 못한다. 투자자는 환경 문제 개선 노력, 지역 사회 공헌, 근로자 배려, 준법경영, 경영투명성, 지배구조의 건전성 등의 ESG 이슈에 기업이 적극적으로 대처하는지를 평가한 후 투자를 결정한다. ESG 투자는 대규모 자산을 중장기적으로 운용하는 기관투자자가 중심이 되어 선도한다. 약 10조 달러(1경 원)의 천문학적 자산을 운용하는 세계최대자산운용사로서 국내 100대 기업 중 82곳에 투자하고 있는 블랙록(Black rock)이 투자 결정 시 지속 가능성을 기준으로 삼겠다고 선언하자, 전 세계적으로 ESG 광풍이 몰아쳤다. 이로 인해 ESG 경영은 글로벌 투자와 경영의 뉴 노멀로 급부상했다.

존 엘킹턴(John Elkington)은 저서 『포크를 든 야만인』에서 지속 가능 기업이 되기 위해서는 이익(Profit), 사람(People), 지구(Planet) 등 소위 트리플 보텀 라인(Triple Bottom Line)을 생각하며 경영해야 한다고 주장했다. 보텀 라인(Bottom Line)은 원래 손익계산서 맨 밑줄에 나오는 '세후순이익'을 지칭하는 것으로서,

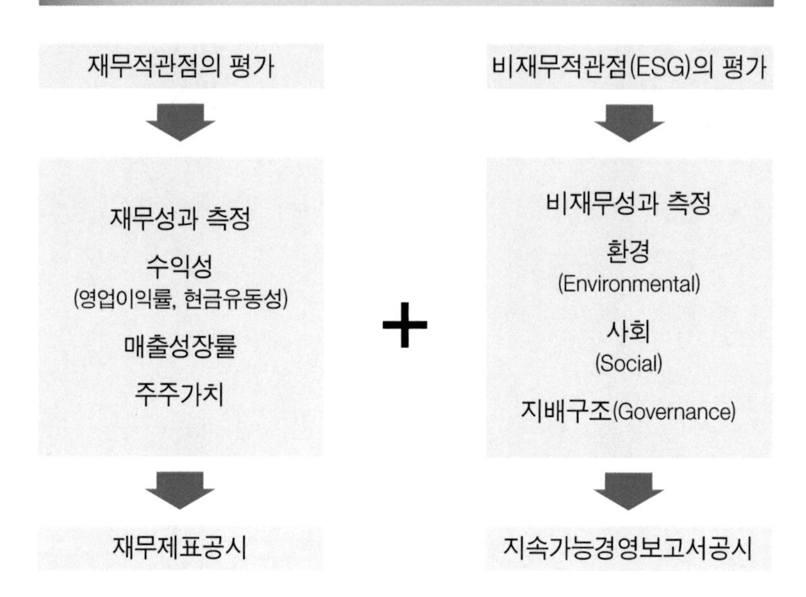

어떤 콘셉트를 설명할 때 가장 근간이 되는 개념을 말한다. 책 제목이 시사하는 것처럼 포크를 들고 우아하게 식사하는 신사가 실은 야만인이라는 것이다. 즉, 기업이 환경 보호, 사회적 책임을 등한시하고, 경제적 이익만을 추구한다면 야만인과 같고, 결국 지속 가능한 기업으로 살아남지 못한다는 것을 암시하고 있다.

지속 가능 기업이 되기 위해서는 이익이라는 재무적 요인과 환경(Environmental), 사회(Social), 지배구조(Governance) 등 비재무적인 ESG 요인을 동시에 충족해야 한다. 따라서 ESG는 지속 가능기업이 되기 위한 필요조건이다. 기업의 지속 가능성은 책임 있는 사업 관행과 윤리적 경영을 총체적으로 포괄한다.

오늘날 국내 200대 기업 가운데 70% 이상이 지속가능경영보고서를 발간하고 있다. 기업의 재무적 성과는 주가 상승, 매출과 수익 증대 등 수치로 확인이 가능하지만 환경, 사회, 지배구조 등의 문제는 정성적 요인이므로 이를 지속가능경영보고서에 반영하려면 세심한 분석이 필요하다. 지속가능경영이 기업의 본질적 가치가 되기 위해서는 기업경영의 모든 과정이 ESG를 고려한 비즈니스 구성 체계가 되어야 한다.

ESG와 재무성과를 고려한 매트릭스분석을 통하여 기업을 4사분면으로 각각 분류할 수 있다. 가로축에서 오른쪽으로 갈수록 ESG 경영을 잘하는 기업이고, 세로축에서 위로 갈수록 재무성과가 좋은 기업이다. 1사분면에 분류된 기업은 ESG 경영 실적과 재무성과가 모두 양호한 스타 기업으로서 마이크로소프트를 들 수 있다. 마이크로소프트는 지속가능보고서에서 2030년까지 탄소 네거티브(Carbon Negative) 정책을 실현하겠다고 선언했다. 탄소 네거티브는 넷 제로(Net Zero, 탄소 중립)를 실현하고 더 나아가 대기 중에 포함된 탄소까지도 제거하겠다는 적극적인 의미다. 글로벌 기업들은 기후 변화 대응을 위해 2050년까지 넷 제로 목표를 이루겠다는 전략을 취하고 있다. 넷 제로는 기업이 배출한 이산화탄소를 제거하여 탄소 없는 대기를 만들겠다는 목표를 말한다. 국내 200대 기업 중 2024년도 ESG 평가 점수에서 S등급을 받은 기업은 삼성전자, SKC, 롯데, KT 등이다. 이들 기업은 재무성과가 뛰어나고 ESG 경영에도 앞장서고 있다.

2사분면에 속한 기업은 재무성과는 뛰어나지만 ESG 경영 실적이 저조한 기업들이다. 업종 특성상 온실가스 배출이 많은 기업이거나 대부분 중소·중견기업들로서 ESG 경영 평가 점수가 저조하고, 재무성과를 높이는 데 치중하고 있다. 특히 중소기업들은 온실가스 측정 준비와 생물다양성 보전 노력 미흡, 친환경제품 및 서비스 관리가 취약한 것으로 나타났다. 무엇보다도 소유와 경영이 분리되어 있지 않아 투명한 의사 결정 체제, 즉 지배구조가 제대로 작동하기 어려운 점이 많다. 2사분면에서 1사분면으로 성공적인 도약을 이룬 기업의 예로서 덴마크의 오스테드기업이 있다. 전통적인 화석 연료 기업이었던 덴마크의 오스테드기업이 대대적인 변신을 하여 풍력 발전의 글로벌 리더가 된 경우이다.

3사분면은 재무성과와 ESG 성과 모두 취약한 기업이다. 이러한 기업은 지속 가능성 목표를 이룰 수 없고 도태될 운명에 처하게 된다.

ESG와 재무성과 매트릭스

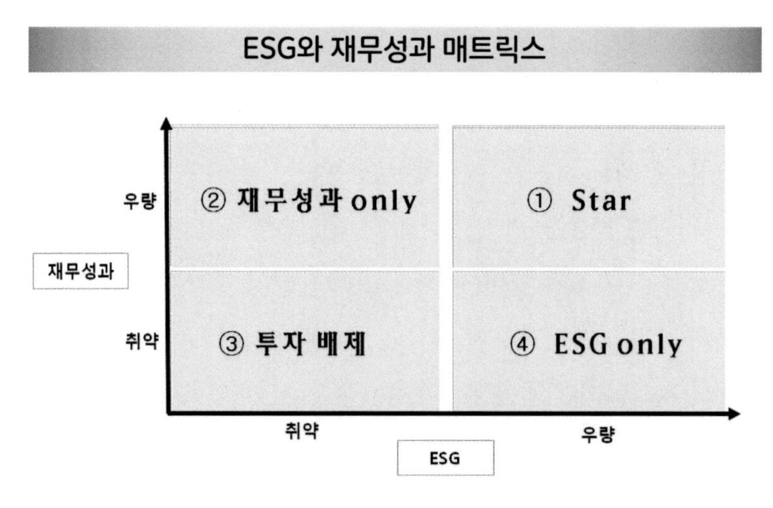

자료 : 최남수, 넥스트 ESG, 새빛북스, 2022, 228. 에서 수정

4사분면은 재무성과는 저조하지만 ESG 경영에 열심히 힘쓰는 기업들이 해당된다. 기업이 일차적으로 재무성과를 내지 못하면서 환경과 사회 영역에만 열중한다면 이해관계자들로부터 외면을 받는다. 프랑스 식품 회사 다농이 이에 해당한다. 이 회사의 CEO 파베르는 이해관계자자본주의를 신봉하고, ESG 전도사로 활약해 왔다. 그는 토양 건강 프로그램을 시행하고 토양의 유기물을 증가시킴으로써 탄소 감축, 화학 비료 감축, 생물다양성 회복에 앞장서 왔다. 그러나 경쟁사인 네슬레와 유니레버에 비해 재무 실적이 부진한 상황에서 코로나19로 인해 직격타를 맞아 시장에서 퇴출되었다.

2015년 UN이 지속가능개발목표(Sustainable Development Goals, SDGs)를 제안함으로써 지속 가능성(sustainability)이란 용어가 집중적으로 사용되는 계기가 되었다. 지속 가능 발전은 현 세대의 필요를 충족시키면서 미래 세대의 잠재적인 발전 기회를 훼손하지 않는 성장을 의미한다. 이 개념은 인류가 자연과 공존하면서 환경, 사회, 경제 문제 등에서 발생하는 전 지구적인 과제를 해결하여 풍요로운 삶을 누리고자 하는 의지에서 비롯되었다. SDGs는 경제 성장, 사회 발전, 환경 보호라는 세 가지 주제가 균형을 이루며 사람(People), 지구(Planet), 번영(prosperity), 평화(Peace) 그리고 파트너십(Partnership)이라는 다섯 가지 요소에 관한 범지구적 행동을 촉구하는 UN의 결의문이다. "단 한 사람도 소외되지 않는 것(Leave no one behind)"이라는 캠페인을 통해 각 목표는 인간으로서 기본적인 삶을 유지할 수 있는 세부 목표 17가지를 가지고 있다.

SDGs 의 5P

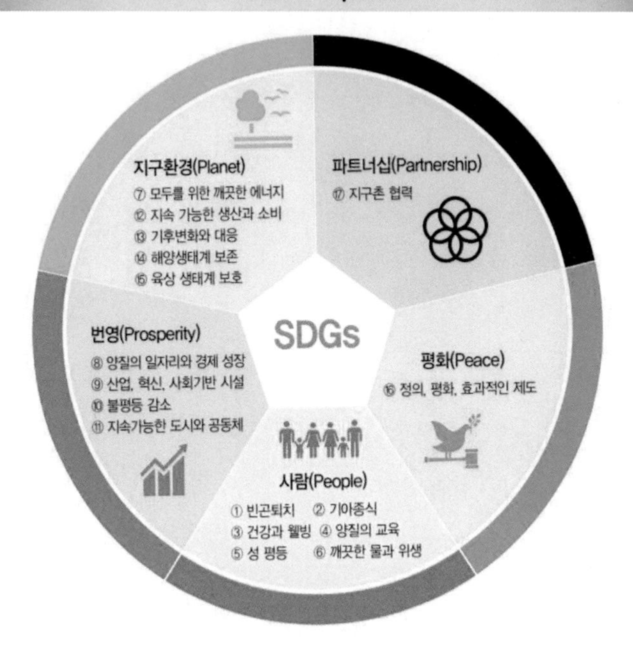

출처 : 창원시 지속가능발전형의회에서 저자 재구성

지속 가능성은 미래 세대가 사용할 환경, 사회, 경제적 자원을 현세대가 낭비하지 않고, 조화와 균형을 유지하자는 데 의미가 있다. ESG 경영으로 환경과 사회, 기업지배구조와 관련된 위험을 감소하고, 기업의 지속 가능성을 높이는 계기가 되었다. 결국 ESG 경영은 고객의 만족을 가져와 기업의 수익성과 현금 흐름을 개선함으로써 선순환고리 역할을 한다. '먼저 배려하는 자가 이긴다(Who cares wins)'는 격언은 기업이 지속 가능성을 위해서 가져야 할 사회적인 요청일 뿐만 아니라 기업이 살아남는 생존 전략이다. 여기에는 기후 변화, 에너지 문제, 생물다양성 등의 지구 환경 문제와 고용, 성장 등의 경제 사회 이슈가 포함되어 있다.

기업이 지속 가능성 목표를 이루기 위해서는 3가지 요인을 고려해야 한다. 환경 보호, 생태계와 생물다양성 유지 등을 의미하는 '환경적 지속 가능성'과 고용 창출, 삶의 질 증대 등에 관심을 가지는 '경제적 지속 가능성', 그리고 계층 간 형평성, 자원의 공평한 분배, 불이익으로부터의 보호 등에 관한 '사회적 지속 가능성'이다.

석탄, 석유, 가스등 소위 화석 연료를 마음껏 사용한 결과 지구는 병들고 파괴되어 지속 가능한 지구는 존재할 수 없으며, 그 악영향은 부메랑이 되어 인간의 생존마저 위협하게 되었다, 이해관계자들은 이점을 뒤늦게나마 인식하고, 지구를 병들게 하는 기업에는 투자하지 말자는 캠페인을 하고, 구체적인 실천

지속가능경영 개념

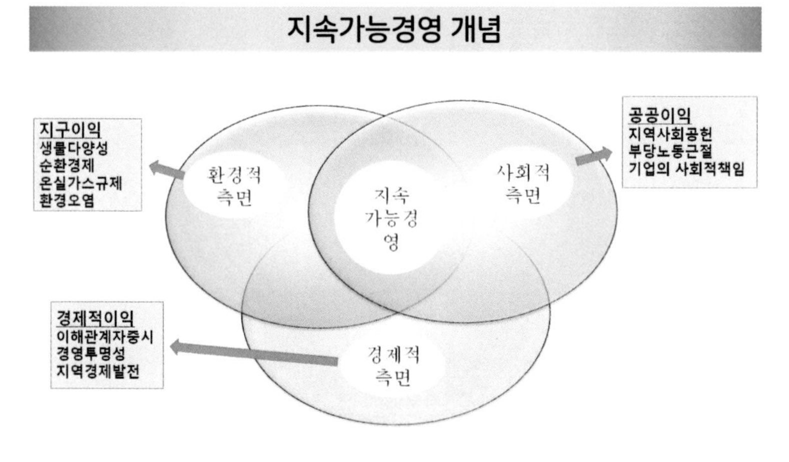

출처 : 지속가능경영의 국제적동향과 향후과제, FFI, 2005에서 저자 재구성

으로 나온 것이 ESG 경영 개념이다. ESG 경영의 목표는 지구와 인류와 기업이 공존하자는 상생 전략이다. 노벨상 수상자 조지프 스티글리츠 교수에 의하면 '저탄소시대가 부의 증가는 물론 세계적인 부의 재분배를 촉발할 것'이다.

다윈은 환경변화에 가장 적합한 개체가 종국적으로 살아남는 종(species)이 될 것으로 예상했다. 지적 능력이 뛰어나며 강인한 종이 살아남는 것이 아니고, 생존 경쟁을 통해 환경에 적응한 개체가 최종 승리자가 된다고 주장했다. 마찬가지로 주주자본주의에서 이해관계자자본주의로 기업 환경이 변화함에 따라 미래에 살아남는 기업은 이윤극대화를 실현하는 기업이 아니라, 기업 환경 변화에 적응하여 ESG 경영을 잘하는 기업이 될 것이다. ESG는 주주자본주의에서 이해관계자자본주의로 이행하고, 고탄소 경제에서 저탄소경제로 전환되는 패러다임의 변환을 말한다.[3]

ESG는 투자자들의 관심으로 태동했지만 기업경영, 정책 결정, 금융, 소비자, 신용평가 등 경제 전반으로 퍼져 나가면서 새로운 국제 경제 질서를 형성하고 있다.

ESG 중요도를 묻는 경영진 설문 조사에서 환경(60%), 사회(26.7%), 지배구조(13.3%) 순으로 나타났다. 경영자는 전통적인 경제적 책임뿐만 아니라 환경적, 사회적 책임을 균형 있게 져야 한다는 공감대를 이루고 있다. 기업들은 과거에 별로 관심이 없었던 사회 부문의 안전 부실, 직장 내 괴롭힘, 차별, 갑질 등을

---

3) 최남수(2022), 『넥스트 ESG』, 14p, 새빛북스.

잘못 관리해 위험을 맞곤 한다. 이런 이슈가 터지면 여론의 지탄을 받고, 주가에 타격을 입으며, 이해관계자와 투자자의 외면에 직면하게 된다. 환경이나 지배구조의 문제는 갑자기 터지거나 악화되지 않는 특성을 가지는 데 비해 사회 부문의 문제는 평소에는 문제가 없다가 한번 부각되면 기업에 큰 타격을 가져온다. 최근 사회 관련 이슈 중 중요도가 높아지고 있는 것은 다양성과 포용성(Diversity & Inclusion)이다. 이는 이사회 구성이나 채용 등에서 여성이 남성과 동등한 기회를 부여받는 것을 의미한다. JP모건의 조사에 의하면 이사회 내에서 한국 기업의 여성 비중은 세계 평균 25%에 크게 못 미칠 뿐 아니라 아시아 국가 중에서도 가장 낮은 수준인 5%를 유지하고 있다.[4)]

ESG평가지표 중 기후 변화와 탄소 배출이 글로벌 경영에서 가장 중요한 것으로 지목되고 있다. 지배구조는 '다양한 행위자들이 자율적으로 호혜적인 상호 의존성에 기반을 두어 협력하도록 하는 제도 및 조정 형태(Kooiman & Vliet 1993)'이다. 또한 '분산된 기업에서 누가 기업을 통치하고 기업 활동에서 발생하는 수익과 위험을 어떻게 배분할 것인가를 규정하는 법적 제도적 문화적 메커니즘을 일컫는다(Shleifer & Vishney 1996)'. 좋은 지배구조의 특징은 공정한 의사 결정, 효율성과 효과성, 개방성과 투명성, 법의 지배, 도덕적 역량, 혁신과 변화에 대한 개방성, 지속 가능성과 건전한 재무관리, 인권, 장기지향성, 문화다양성 등으로 나타난다.

4) 송호근 외(2023), 『ESG시대의 지속가능경영 시민정신』, 79p, 플랜비디자인.

2) 이해관계자 중심 경영

바이든 미대통령은 "지금은 주주자본주의를 끝낼 시간이다. 주주자본주의는 기업이 주주에게만 책임을 진다는 생각이다. 이는 진실이 아니다. 기업은 근로자, 지역 사회 그리고 국가에 대한 책임이 있다."고 말했다. 1930년대 노벨경제학상 수상자인 밀턴 프리드먼이 주주 가치 극대화를 기업경영의 목적으로 삼아야 한다고 주장한 이래 그간 100여 년간 기업은 오로지 이익이라는 재무적 가치에만 집중하면서 주주만을 위하는 주주자본주의(shareholder capitalism)에 기반을 두고 기업을 운영해 왔다. 주주자본주의는 1주 1표 원칙에 입각하여 운영되므로 1인 1표 원칙의 민주주의와는 거리가 먼 경제적 제도이다. 그래서 '민주주의는 기업 정문 앞에서 멈춘다'라는 유명한 격언이 생겨났다. 예를 들어, 7세 아이가 주식 30만 주를 보유한다면 이 아이는 주주총회에서 30만 표의 의결권을 가진다. 반면 소액주주

1천 명이 가진 주식 수 합계가 1만 주라면 주주총회에서 소액주주안건이 부결되고, 7세 아이가 지지하는 안건이 통과된다.

밀턴 프리드먼은 기업이 게임 규칙을 준수하면서 자원을 활용하여 이익을 증가시키는 것이 기업이 사회적 책임을 다하는 것으로 인식했다. 새롭게 대두된 ESG 경영은 기업이 단기적 이익극대화보다 이해관계자 사이의 장기적 합의를 통해 가치를 창출하는 자본주의로 해석할 수 있다.

과거 주주자본주의하에서는 기업이 제품의 생산 과정에서 발생하는 유해 물질이 지구를 오염시키는 문제에 대해서는 관심을 두지 않았다. 다만 좋은 제품을 소비자에게 팔아 이윤을 남기고, 주주의 부를 극대화하는 데만 목표를 두고 있었다. 주주부의 극대화 목표에서는 기업을 계속기업(Going Concern)으로 인식한다. 계속기업은 경영학에서 사용되는 개념이다. 기업을 일시적으로 존속하는 개념이 아니라 계속적으로 존재하는 생명을 가진 조직체로 보는 것이다.

주주자본주의는 주식을 보유한 주주(Shareholder)에게 경영 초점을 맞춘 자본주의 형태이다. 기업은 주식을 사들인 주주들의 돈을 기반으로 기업을 운영하고 수익을 내기 때문에 주식 가치를 높여 기업에 투자해 준 주주들에게 보상을 해 주는 것이 가장 중요하며, 그 밖의 활동에 회삿돈을 써서는 안 된다는 논리다. 주주자본주의하에서는 환경이 파괴되고 인권, 노동, 각종 소비자 이슈와 지배구조 등의 문제를 등한시하여, 사회 전체적인 부(富)에 부정적 영향을 미치게 된다. 기업은 이윤 추구에 의해 계속기업(Going Concern)으로 살아남는 것만 목표로 해서는 안 되며, 재무적 이익 추구와 함께 환경 보호와 사회 문제, 지배구조 문제를 충족시키는 지속 가능 기업(Sustainable Business)으로 존속하는 것이 지상 과제가 되어야 한다. 이해관계자자본주의는 사업을 전개하는 데 관계하는 이해관계자 모두의 참여와 협력을 도모하는 것이 궁극적으로 더 큰 파이(pie)를 만들어 낸다는 사실에 근거를 두고 있다. 기업은 이해관계자의 니즈를 충족함으로써 사회적 가치를 창출하게 되고, 궁극적으로 소비자의 선택을 받게 될 것이다. 결국 기업이 지속 가능한 경영을 위해서 ESG 활동이 선결과제란 사실을 말해 준다. 기업의 존재 이유가 주주 이익을 최우선한다는 개념에서 이해관계자이익을 함께 추구하는 개념으로 확장되고 있다. 모든 이해관계자는 기업이 생산하는 재화와 서비스의 소비자이다. 따라서, 기업이 이해관계자의 니즈를 충족한다는 것은 소비자의 선택을 받는다는 의미이며, 결국 기업은 지속 가능한 경영을 할 수 있게 된다. 기업의 주인은 주주만이 될 수 없으며, 기업 활동으로 인해 이익이나 손해를 주고받을 수 있는 집단이나 개인들이 모두 해당된다. 여기에는 종업원, 소비자, 협력업체, 채권자, 지역 사회, 정부 등이 포함된다. 2020년 세계경제포럼(WEF)에서 지속 가능한 세계를 위해서 결속력 있는 이해관계자자본주의(stake holder capitalism) 개념이 필요하다는 데 의견을 모았다.

가로 축에 이해관계자 가치를 표시하고 세로 축에 주주(재무적) 가치를 나타낸 그래프에서 네 가지 기업 유형을 표시하면 ESG 기업이 지향해야 할 방향을 분명히 알 수 있다. 1사분면은

ESG가 지향해야 하는 비즈니스모델

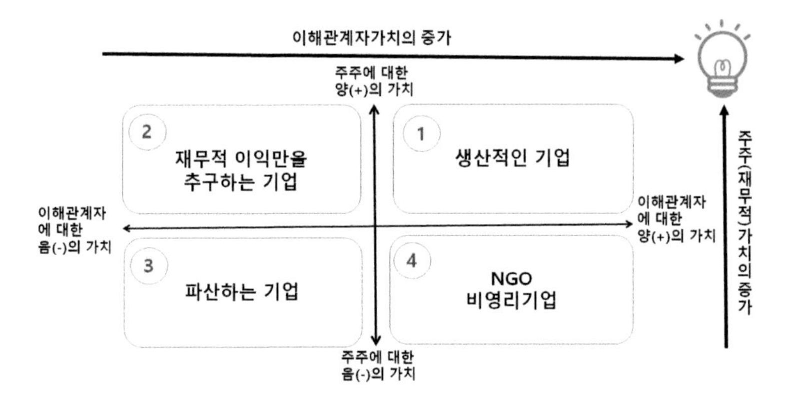

자료 : 곽수근 외, 기업시민, 미래경영을 그리다, 나남, 2021,112 에서 저자 수정

재무적 가치와 이해관계자 가치 모두를 극대화하는 기업으로서 ESG가 지향하는 비즈니스 모델이다. 비재무적 가치 추구를 통하여 기회와 위기를 파악하고, 이를 근거로 재무적 가치와 기업의 지속적 성장을 추구한다. 예를 들어 1사분면에 속한 기업들의 철학은 영국의 생활용품기업인 유니레버(Unilever)의 비전에 잘 함축되어 있다. "우리의 비전은 사회와 지구를 섬기면서 성장을 가져오는 새로운 방법으로 사업을 한다. 기업은 인기 경쟁을 하는 것이 아니라 비즈니스 성장을 통해 인류의 삶을 향상시키는 일을 하는 것이다." 대부분 기존 기업들은 이해관계자 가치를 무시하고, 오로지 재무적 지표만을 고려하여 2사분면에 머물며, 주주 가치 증가에만 몰두해 왔다. 이는 주주자본주의를 반영한 것으로 이해관계자에 대한 배려가 부족하다. 예를 들어

COVID-19 백신을 생산하는 제약회사가 이익 극대화를 위해 백신 가격을 매우 높게 책정한다면 이에 해당된다. 3사분면의 기업은 주주와 이해관계자에 대한 가치가 모두 음(-)인 기업으로서 곧 파산할 기업이다. 4사분면은 주주에 대한 가치는 음(-)이지만 이해관계자에 대한 가치는 양(+)인 기업이다. 비영리 기업과 NGO 등이 이에 해당한다.[5]

ESG경영은 누가 요구하는가

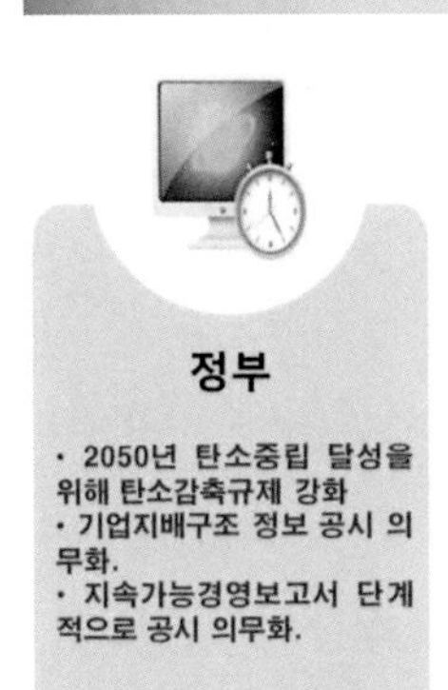

기관투자자

· 고객자산을 충실하게 관리해야 할 의무가 있는 기관투자자는 책임투자를 위해 투자기업에 지배구조개선 등 ESG경영 요구.
· 스튜어드십 코드 강화

사회적 책임투자(SRI)를 넘어 임팩트투자 활성화

MZ세대 고객

· 베이붐세대(60-70대)가 사회 전반에서 물러나고 MZ세대(20-40대)가 사회주역으로 등장했다. 이들은 자신만의 가치관과 정의가 있고 도전정신과 디지털미디어 환경에 익숙함
동물보호, 생태계 보존, 인권, 평등, 생물다양성 등을 중요시하고 ESG요구 증대.

ESG 경영을 요구하는 주체는 크게 정부, 기관투자자, MZ세대 고객으로 볼 수 있다. 정부는 2050년까지 넷제로 목표를 달성하도록 기업을 독려하고, 지속가능경영보고서 공시를 의무화

5) 곽수근 외(2021), 『기업시민, 미래경영을 그리다』, 112-113p, 나남.

한다. 기관투자자는 책임 투자를 위해 투자기업에 지배구조 개선 등 ESG 경영을 요구한다. 국민연금을 포함한 연기금은 주주를 대신하여 거대한 자금을 기업에 투자하는 기관투자자이다. 100조 원이 넘는 기금을 운용하는 국민연금의 투자수익률이 하락하자 많이 내고 적게 받는 구조로 전락했다는 탄식이 나오고 있다. 이제는 기관투자자들이 기업의 환경, 사회, 지배구조의 건전성을 평가해 투자하는 소극적인 SRI(사회적 책임투자: Social Responsible Investment) 수준에서 벗어나 재무적 이익과 더불어 긍정적인 사회·환경적 임팩트(impact)를 달성하는 투자 방식을 채택해야 한다. 임팩트 투자는 사회적 가치에만 초점을 두고, 운영 효율성이나 재무적 성과에 무감각한 SRI와는 다르다. 임팩트 투자는 긍정적인 사회·환경적 임팩트 창출을 목표로 원금과 플러스 수익을 기대하는 규모 있는 자본투자를 말한다.[6] 사회적 책임 투자(Socially Responsible Investing, SRI)는 투자가 미치는 사회적, 환경적인 결과를 고려하여 투자함으로써 공공선과 경제적인 수익을 함께 성취하고자 하는 투자 과정이다. 임팩트 투자는 SRI를 넘어서서 재무 수익을 창출함과 동시에 사회적 환경적으로 긍정적 임팩트를 미치는 분야에 투자하는 투자 전략이다. 임팩트 투자 는 재무적 성과 등급과 사회적 환경적 성과 등급 모두가 양호한 기업에 투자하는 전략이다.

6) 안은정, 김정태, 「이제 임팩트 투자가 대세, 수익과 사회 혁신 동시에 잡아라」, DBR, 2017.11.

임팩트투자자문 기준

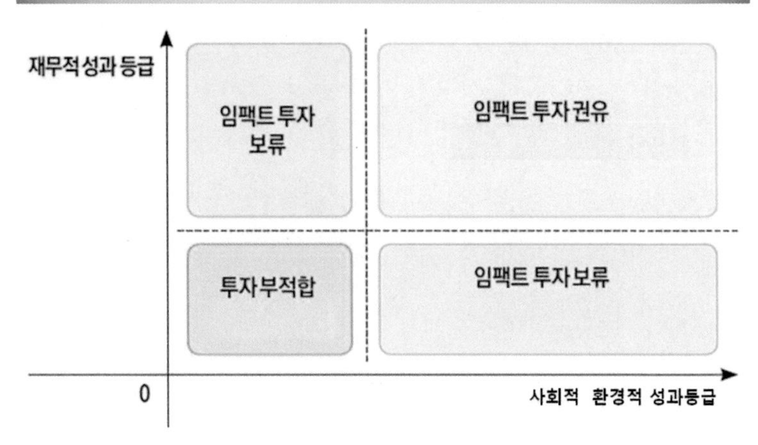

출처 : 안은정, 김정태 DBR, 2012.11 * CDI : 임팩트 투자 및 컨설팅전문회사에서 저자 재구성

· MZ세대와 ESG

ESG가 소통하고 귀를 기울여야 할 대상은 MZ세대이다. 우리 사회의 주역은 베이붐 세대(60-70대)가 아니고, 20대와 40대 사이에 해당하는 MZ세대(밀레니엄세대와 Z세대)이다. 이들은 태어날 때부터 입에 핸드폰을 물고 나왔다고 할 정도로 소셜미디어 환경에 익숙하며, 불의, 불공정, 불이익을 결코 용납하지 않는 가치관을 가지고 있다. 이들이 소비를 주도하고 투자를 관리한다. 따라서 MZ세대의 사고와 가치관을 분석하지 않으면 바람직한 ESG 경영에 차질을 가져온다.

MZ세대는 SNS를 통한 소통, 다양한 소비 매체 활용, 스마트한 AI 기술 능숙, 고물가시대의 소비 패턴을 가지고 있으며, 일

MZ세대의 특징

다양성 인정
워라벨중시
(일과 삶의 균형)

여가 중시, 현실성
미래보다 현재를 중시,
가격보다 취향중시

환경·윤리적 가치 중시
환경 사회 지배구조 등
사회적 영향력중시

자기 중심적 소비
집단보다 개인의 행복,
소유보다 공유를 중시

디지털 네이티브
휴대폰, 인터넷 SNS 등
디지털 환경에 친숙

재미 추구
새롭고 이색적인 것
추구

출처 : 이코노미조선에서 저자 재구성

과 삶의 균형을 중시하는 세대이다. 이들을 워라밸(Work and Life Balance의 줄임말)세대라고도 부른다. 개인의 삶과 일의 균형을 이루기 위한 가치를 중요시하는 사람들이다. 직장에서 타인의 눈치를 보지 않고, 불합리한 요소에 대해서 분명한 목소리를 내며, 자유롭고 수평적인 문화와 공평한 기회를 중시하는 성향을 가진다. 코로나19를 기점으로 BC(Before Corona)시대와 AC(After Corona)시대로 나누어진다. ESG 문제는 AC시대에 전 세계적으로 가장 두드러진 이슈로 등장했다. 분명한 특징은 업무 처리 방식이 이전의 온택트(ontact: 대면) 방식에서 상당 부문 언택트(untact: 비대면)로 전환되고 있는 점이다. MZ세대는 동물보호, 생태계 보존, 인권, 평등, 다양성 등과 같은 가치를 중요시 여긴다. 이러한 가치를 훼손하는 기업들을 적극적으로 배제하며, 자신들의 의견과 요구를 명확하게 제시한다. MZ세대는 투자 결정 시 ESG 요소를 중요하게 생각한다. 친환경적이고 윤리적이면서도 지배구조가 건전하며, 사회적으로 긍정적인 영향을 주는 회사에 투자하기를 희망한다.[7]

ESG 경영이 도입되고서부터 기업을 둘러싼 이해관계자(stakeholder) 범위가 넓어졌다. SPICE 모델로 정의되는 초창기 이해관계자는 사회(Society), 파트너(Partners), 투자자(Investor), 고객(Customer), 종업원(Employees) 등의 다섯 영역으로 분류되었다. 다시 이해관계자의 범위는 정부 및 관련 공공기관, 채권자, NGO 및 시민 단체 등으로 확대되었다. ESG 경영의 효율성을 높이기 위해서는 환경에 미치는 영향을 고려하여 NGO와 시민 단체 등과 밀접한 관계를 맺어야 한다. 과거에는 이해관계자들이 기업에 사회적 책임을 요구했지만, 이제는 기업이 먼저 ESG 경영을 하겠다고 이해관계자에게 말을 걸고, 능동적으로 기업의 사회적 책임을 해 나간다. ESG 경영은 ESG와 경영이라는 서로 상반된 개념이 합쳐져서 긍정적 효과를 가져온다. ESG가 지향하는 목표는 환경, 사회, 지배구조의 건전성을 통해 인류의 지속 가능한 미래를 보장하는 것인데, 이에는 비용이 발생한다. 반면 경영의 목표는 비용을 절감하여 이익 극대화를 이루는 데 있으므로 ESG 목표 달성과 경영 목표는 동시에 이룰 수 없는 트레이드 오프(trade-off) 관계다. 그러나 기업이 환경, 사회, 지배구조의 중요성을 인식하고, ESG를 우선적으로 고려한다면 고객과 사회로부터 신뢰를 얻게 되어 이익 극대화라는 경

---

7) 강진영 외(2021), 『ESG 바로보기: 경영진을 위한 ESG 안내서』, KICPA(한국공인회계사회).

영 목표를 달성할 수 있다. 이것은 리더십 유형에서 서번트리더십(Servant Leadership)이 종(servant)과 리더(leader)라는 상반된 직위의 사람특성이 합쳐져서 가장 바람직한 리더십 효과를 나타내는 것과 같다.

3) ESG 워싱

ESG 투자에 그린워싱(greenwashing: 위장환경주의)이 판치고 있다. 그린워싱이 들통나면 부메랑처럼 돌아와 기업을 타격한다. 그린워싱은 세 가지 형태로 나타난다.

첫째, 제품과 관련된 그린워싱이다. 저탄소 에너지 친환경 기업으로 위장 홍보하여 소비자를 기만하는 행위이다. 예를 들어 기아자동차는 온실가스를 많이 배출하는 SUV 차량을 숲속에 두고 '보기만 해도 숲 냄새가 난다'는 광고 문구를 곁들여 친환경으로 포장했다. 또한 탄소 배출 주범인 석유회사 에쓰오일은 '지구를 지키기 위한 노력으로 나와 지구를 위해 자전거로 라이딩을 시작하라'는 게시물을 올렸다.

에쓰오일은 시중의 다른 상품보다 탄소 발자국이 크고 탄소 배출량이 많지만 친환경 상품으로 오인하게 만들었다. 스타벅스가 친환경을 실천하자는 의미로 진행한 '리유저블 컵(Reusable

Cup: 다회용컵)' 행사가 비난을 샀다. 일회용 컵을 줄이자는 캠페인을 하면서 반대로 불필요한 플라스틱 컵 소비를 부추겼다.

롯데칠성음료는 멸종 위기에 있는 해달, 펭귄 등을 플라스틱 병 라벨에 부착하여 마치 환경을 위한다는 이미지를 보여 주었다. 하지만 바다에 버려진 롯데칠성 플라스틱병에 의해 멸종위기종들이 받는 피해는 더 커져 갔다. 전 세계적인 플라스틱 용기를 줄이자는 메시지와 상반되는 결과를 가져와 위장 환경주의, 즉 '그린워싱'이란 비판이 나온다. ESG가 기업의 평가 기준으로 부상하면서 외형적으로 ESG를 표방하는 사례가 급증하고 있다. 또한 '유기농 담배', '케미컬 프리(chemical free)'와 같은 표현은 제품의 환경 유해성에 대해 소비자를 현혹시키는 주장이다. 담배를 유기농으로 재배할 수는 있으나 담배 자체가 유해함을 언급하지 않은 이런 광고는 그린워싱에 해당된다. 또한 화학 물질 자체가 인체에 미치는 부정적인 영향은 그대로 남아 있는데, 화학 물질에서 자유롭다는 케미컬 프리는 소비자를 현혹하는 그린워싱에 해당한다.

그린워싱 주체와 의미

주체	대상	피해자	의미
기업	제품과 서비스	고객	친환경제품으로 이미지를 세탁하여 홍보
금융기관	펀드	투자자	투자자를 오도하는 제한된 정보제공
	채권		
모든 조직	ESG정보	주주 및 이해관계자	기업가치를 향상시키기 위한 정보공개 조작

출처 : 중기이코노미, 근거없는 친환경사업, 2023.4. 에서 저자 재구성

둘째, ESG 펀드와 녹색채권에 대한 정보를 제한적으로 공개함으로써 투자자의 합리적인 판단을 저해하는 사례가 있다. 예를 들어 홍콩 공항은 세 번째 활주로 건설을 위해 녹색채권을 발행했다. 기후 위험 및 생물다양성을 저해하는 프로젝트에 녹색채권을 발행함으로써 그린워싱 비판이 제기됐다. 환경 전문가들은 홍콩공항에 건설되는 세 번째 활주로는 대기 오염과 소음을 유발하고, 홍콩 해양에 서식하는 흰돌고래의 서식지가 파괴될 수 있다고 지적했다.

셋째, 주주를 비롯한 이해관계자들에게 실현 불가능한 친환경 목표를 공시해 기업 가치를 높게 위장하는 워싱이다. 세계 7대 정유사 중 하나인 토탈에너지스는 2030년까지 전 세계 사업장에서 탄소 배출량을 40% 감축하고, 유럽 내 자동차 배기가스 배출량을 30% 감축하여 2050년까지 넷제로를 달성하겠다는 목표를 선언했다. 이로 인해 토탈은 MSCI 등 국제 ESG 평가 회사로부터 높은 점수를 받았다. 그러나 환경단체와 NGO들은 토탈이 화석 연료를 여전히 생산·판매하면서 탄소 중립을 달성하겠다는 주장은 자가당착이며, 국민들을 호도하고 있다고 소송을 제기했다. 프랑스 경찰은 토탈에너지스를 그린워싱 혐의로 기소했다.[8)]

국제 환경단체인 그린피스와 리클레임파이낸스는 토탈이 유리한 정보만을 모아서 국민들을 속이고 있다고 고발했다. 130여 개 국가에서 에너지 사업을 독점하다시피 한 토탈이 유럽 지역

---

8) 조동성, CSR에서 시작해 CSV를 지나 ESG로, 매일경제, 2021.

에서만 '탄소 배출량을 제로로 하겠다는 주장은 어불성설'이라는 것이다. 유럽에서 토탈이 배출하는 탄소량 비중은 토탈의 전체 탄소량의 13%에 불과하다는 게 환경단체들의 주장이다. 환경운동가 빌 게이츠는 "오늘날 배출되는 온실가스의 20%는 1만 년이 지나도 대기권에 남는다. 따라서 이대로 가면 지구 존속을 담보할 수 없으니 혁신 역량을 총동원해 2050년까지 넷제로를 달성해야 한다."고 주장했다.

ESG 광고나 홍보 활동이 기업의 실제 활동과 일치하지 않는다면 기업에 대한 불신과 반감만 커질 수 있다. 기업이 환경 분야 활동을 실제보다 부풀리는 것을 그린워싱(Green washing)이라고 한다면, 사회(Social) 분야에서 일어나는 이러한 현상을 워크워싱(Woke washing)이라고 한다. 여기서 woke(깨어 있음)는 비꼬는 표현으로, '깨어 있는' 척한다는 뜻이다. 기업이 사회적 문제나 가치에 대해 자각하고 행동하는 척하면서 실제로는 ESG 문제에 대해서 어떠한 조치나 행동도 하지 않는 것을 말한다. 오염을 일으키는 기업이 기후 위기를 홍보 활동으로 사용하고, 야생 동물을 구하는 동영상을 제작하여 배포한다. 인종 차별을 근절하고 다양성을 존중하자는 운동이 전 세계적인 이슈가 되자 많은 글로벌 기업들이 대대적 캠페인을 벌이고 조직 내 차별 근절을 선언했다. 하지만 몇 년이 지나도 진정성 있는 행동을 보여 주지 못하자 소비자와 이해관계자들로부터 빈축을 샀다.

일례로, 나이키는 인종 차별 반대에 대한 광고 및 캠페인을 대대적으로 진행했다. 그러나 미국 100대 기업(S&P100) 중 71%가 평등고용기회위원회(EEOC)에 인종 다양성 자료를 제출했지만, 나이키는 자료를 제출하지 않았다. 이러한 나이키의 이중적 행동이 이해관계자들의 빈축을 샀다.

국내 기업 중에서도 워크워싱을 하는 기업들이 있다. 카카오는 인권경영헌장을 발표하고 국제 노동원칙과 종업원 안전 및 건강 보장을 약속했지만, 초과 근무를 강요한 일로 눈살을 찌푸리게 만들고 있다.

4) ESG와 유사 개념

ESG와 유사 개념으로 기업의 사회적 책임(CSR: Corporate Social Responsibility), 공유 가치 창출(CSV: Creating Shared Value), 사회적 책임 투자(SRI: Socially Responsible Investment), 임팩트 투자(Impact Investing) 등이 있다. 투자자들은 재무적성과와 함께 비재무적 요소인 환경, 사회, 지배구조를 중요한 기업 평가 항목으로 간주한다. 기업은 ESG 지표를 정량적으로 산출하고 이를 재무제표에 반영한다. IFRS(International Financial Reporting Standards: 국제회계기준)재단은 ISSB(International Sustainability Standards Board: 국제지속가능성기준위원회)를 설립해 ESG 관련 공시의 표준을 만들어 2023년 6월에 공표하였다. 이제 ESG성과지표가 정량화되어 재무제표에 공시되게 되었다.

ISSB가 제정한 국제지속가능성 공시 기준은 기업 가치를 판단할 때 활용되는 지속 가능성 관련 정보를 기업이 평가하여 반영하도록 돕는 것을 목적으로 한다.

오늘날 기업과 사회의 장기 지속 가능성에 영향을 주는 요소로서, '환경, 사회, 지배구조' 문제는 기업의 핵심 과제가 되고 있다. 이러한 변화는 세 단계를 거쳐 진행되어 왔다. 첫 단계는 리처드 보엔이 1953년에 제시한 기업의 사회적 책임이었다. 그러나 기업의 목표는 주주 이익 극대화에 있다는 밀턴 프리드먼 이론으로 무장하고 있던 기업들은 기업의 이익으로 사회적 공헌을 하라는 주장을 받아들이기 어려웠다.[9]

그러나 21세기에 들어서자 국제기구들이 글로벌 대기업들에 대해 사회적 책임과 윤리경영을 요구하기 시작하자 기업들은 ESG를 새로운 시각으로 받아들였다.

두 번째 단계는 피터 드러커 교수가 제시한 공유가치모델로서, 기업의 사회적 책임(CSR)과 경제적 수익 창출을 함께 달성하기 위한 새로운 모델이다. 이러한 공유 가치 창출은 기업 활동의 부수적 산물이 아니라 경영 전략의 혁신을 가져올 핵심 목표가 되어야 한다고 주장한다.

세 번째 단계는 세계 최대 규모의 자산운용사 대표인 블랙록의 래리 핑크 회장이 ESG를 향후 자본 참여 기준으로 삼겠다고 선언한 것이다. 핑크 회장의 폭탄적인 발언이 있자 글로벌 대형 투자자들은 환경 보존을 위해 적극적인 역할을 하지 않는 기업에는 투자하지 않겠다고 경고했다. 핑크 회장의 경고에 긴장한 기업들은 친환경 경영을 선포하고, 사회적 책임과 투명 경영을

9) 권재열 외(2022), 『ESG 레볼루션』, 78-79p, 서울파이낸셜그룹.

통해 지속 가능한 발전을 추구하게 되었다.

ESG는 투자자, 기업경영자, 이해관계자 모두가 이득을 보게 되는 윈윈 게임(win-win game)이다. 피터드러커는 기업이 환경보호와 사회공헌에 노력을 기울이는 만큼 더 많은 투자 기회를 얻고, 사회와 환경은 더 나은 상태를 유지하게 된다고 주장했다.

(1) 기업의 사회적 책임

오늘날 대부분 기업들은 자선 기부를 하고, 임직원 자원 봉사 활동과 재활용 프로그램을 운영하며, 다양성을 지원하는 등 좋은 시민이 되어야 한다는 점을 강조한다. 글로벌 대기업 절반 이상이 지속가능성보고서를 발간하고 기업의 사회적 책임(CSR: Corporate Social Responsibility)을 당연한 것으로 여기고 있다. 사회는 기업이 자선기관에 기부하고 환경 오염을 일으키지 않을 것을 기대한다. 많은 기업들은 인권 가이드라인과 노동 기준을 잘 지키고, 사회적 책임을 기업 운영 방침에 통합시키는 것이 CSR운동의 가장 중요한 의미로 인식한다.

사회적 책임 피라미드에서 경제적 책임과 법률적 책임은 기업이 법 테두리 안에서 반드시 이행해야 하는 책무이다(Required). 이익을 못 내면 파산하게 되고, 법 테두리를 벗어나면 제재를 받는다.

윤리적 책임은 법으로 규정되지는 않지만 기업에게 사회 구성원이 기대하는 행동과 활동을 말한다(Expected). 자선적 책임은 강제성이 없고, 기업이 스스로 판단하여 행하게 되는 바람직한 책임이다(Desired). 예로서 사회적 약자에 대한 기부, 스포츠발전을 위한 후원, 약물 남용 방지 프로그램 실시, 보육 시설 운영과 같은 활동을 말한다. 현대자동차가 양궁협회를 지원하고 복싱은 한화그룹, 레슬링은 삼성그룹 등이 스폰서로 활동하고 있는 것은 자선적 책임의 사례가 된다.

기업의 사회적 책임 피라미드

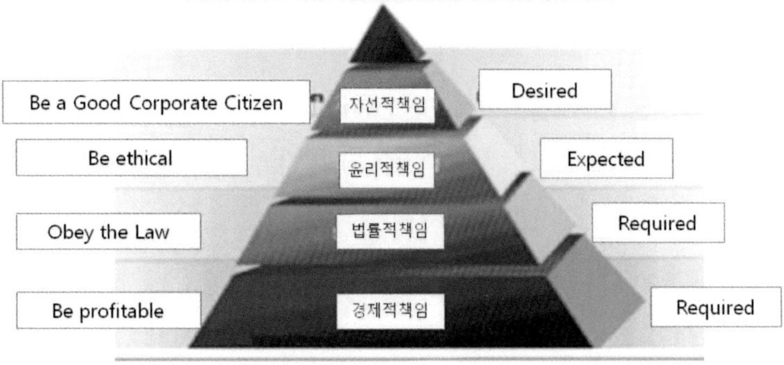

Be a Good Corporate Citizen — 자선적책임 — Desired
Be ethical — 윤리적책임 — Expected
Obey the Law — 법률적책임 — Required
Be profitable — 경제적책임 — Required

· CSR과 ESG의 차이

CSR은 회사의 공익적 행위가 회사의 실적에 도움이 되어 이해관계자의 이익 증진에 기여한다. ESG는 여기서 나아가 환경, 사회, 지배구조 개선에 관심을 가지고, 이들 정성적 요인을 정량적인 지표로 평가한다는 점에서 차이가 있다. CSR은 기업 스스로가 능동적으로 추구하여 기업 이미지를 제고하는 반면, ESG는 금융기관의 요구에 의해 이해관계자를 배려한다는 측면이 강하다.[10]

(2) 공유가치창출(CSV: Creating Sharing Value)

기업이 추구하는 비즈니스 전략은 ESG가 지향하는 환경, 사회, 지배구조 측면에서 이해관계자들을 만족시키면서 기업의 이익 극대화를 달성하는 것이다. 이를 위해서 CSR(기업의 사회적 책임)을 다하는 것으로는 부족하며 CSV(공유가치창출)라는 새로운 개념 정립이 필요하다. 마이클 포터는 "CSV는 사회적 책임도 아니고 자선 활동도 아니며, 지속 가능성조차도 아니라 경제적인 성공을 달성하기 위한 새로운 길"이라고 말했다. 즉, CSV는 기업의 영업을 통해 사회적 과제를 해결하여 사회적 가치와 기업 가치를 동시에 추구하는 것으로서 기업과 지역 사회가 상생하는 것을 목표로 한다.

이해관계자 기대 충족치를 세로 축에 두고 경제적·사회적·환경적으로 얻는 이익기대치를 가로 축에 두고 CSR과 CSV를 분석해 본다. 1단계는 기업이 의례적으로 베푸는 단순한 자선 행위이다. 형식적인 기업의 연말연시 불우 이웃 돕기 등은 기업의

10) 김영기 산업연구원장, https://www.getnews. co.kr/news/articleView.html?idex-no=567543

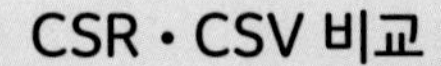

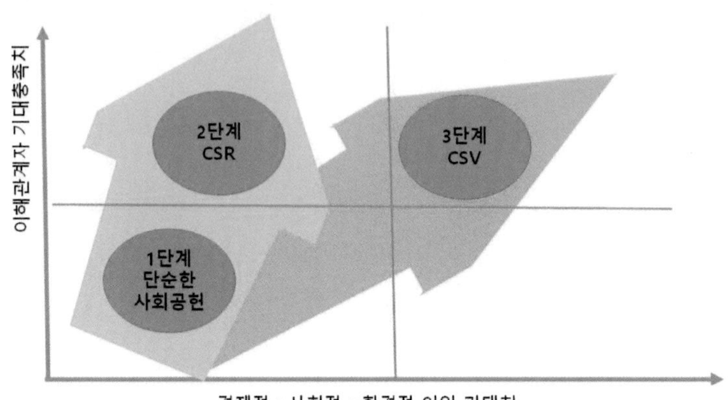

경제적·사회적·환경적 이익에 큰 영향이 없고, 이해관계자의 공감도 가져오지 못한다. 2단계는 CSR 영역으로서, 기업이 공동체 구성원의 니즈를 파악하고, 이를 경영활동에 적극 반영하여 이해관계자 기대를 충족한다. 하지만 경제적·사회적·환경적 이익에 기여하는 바는 1단계보다는 양호하지만 그다지 기대치에 못 미친다. 3단계는 CSV 영역이다. 사회적 책임경영을 넘어서서 환경, 사회, 지배구조까지 아우르는 ESG 가치를 기업의 경영 전략 목표로 한다. 이 단계에서 기업은 최선의 ESG 성과를 얻고 그 결과로서 이해관계자 기대 충족과 경제적·사회적·환경적 이익 극대화를 동시에 달성함으로써 사회와 기업이 윈윈 하게 된다.

CSV의 사례로서 네슬레를 들 수 있다. 이 회사의 미션은 'Good food, Good life.'이며, 생산하는 음식이 삶을 건강하게 하는 것이라고 선언한다. 2030 비전으로 네슬레의 경영활동이 지구에 미치는 부정적 영향을 제로로 만드는 것을 목표로 하고 있다.

생산 공장을 원료 생산지에 둠으로써 운송비를 줄이고 현지에 이익을 나누는 방법을 취한다. 또한 네슬레(Nestle)는 개도국의 커피 생산 농가에게 원두 재배 가공 기술과 설비를 지원하고 있다. 그 결과, 커피를 생산하는 현지 농가의 수익이 증가하여 개도국 발전에 기여하게 되었다. 또한 네슬레는 양질의 원두를 확보해 커피 품질 향상과 경제적 수익의 증가를 가져왔다.

네스카페의 사례는 2010년 도입된 네슬레의 농촌 개발 프로그램이다.

당시 커피 가격이 크게 하락하자 커피농가는 수입이 감소했고, 중간 상인들은 큰 이익을 취했다. 그 결과 커피 품질 악화로

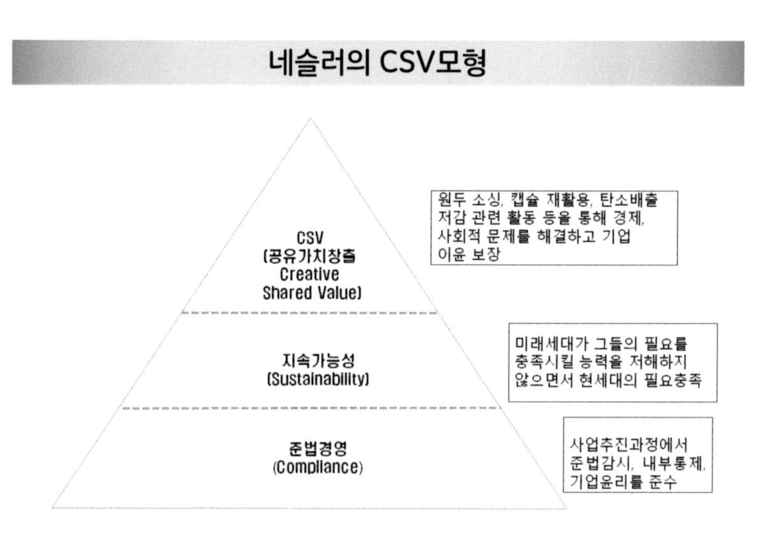

출처 : 네슬러의 CSV모델에서 저자 재구성

이어졌고, 영세 커피 농가는 판매처를 잃게 되었다. 네슬레는 이를 해결하기 위해 영세 커피농가로부터 직접 원두를 사들이고, 수확량이 좋은 커피나무를 무상 또는 소액 대출 프로그램을 통해서 보급했다.

이 프로젝트로 영세농가 100만 명 이상이 혜택을 받게 되었다. 네슬레와 직거래하는 농가들은 수익이 2배 이상 증가하고, 전체 커피농가의 수익이 40% 이상 증가했다. 결국 커피농가는 안정적인 수입을 얻게 되고, 소비자들은 고품질의 커피를 마실 수 있게 되었다.

네슬레 프로그램은 CSV의 표본이라고 볼 수 있다. 단순히 영세농가에 돈을 기부하거나 나눔을 베푸는 것이 아니라 가치를 공유하며 지속 가능한 체계를 만들어 낸 것이다. 기업과 농민 모두가 윈윈 하는 환경을 만들어 주었다. 물고기를 잡아 주는 것이 아니라, 물고기 잡는 방법을 가르쳐 준 사례라고 볼 수 있다.

글로벌기업들의 CSV 활동

자료: 각 회사

사회공헌	시스코	마이크로소프트	엑손모빌	스타벅스	코카콜라
사업분야	IT	IT	원유개발	커피	음료
주제	개도국 등에 IT교육지원	IT교육 및 창업 지원	아프리카지역 말라리아 퇴치	공정무역	물자원의 보존
방식	자사 기술력 바탕, NGO등과 연계해 교육	비영리단체에 소프트웨어 무료 제공 및 교육	비영리단체와 연계, 비용투자 및 예방활동	공정한 가격으로 커피원료 구입	원료로 쓰는 만큼의 물을 사회에 환원

출처 : 중앙일보, 틴틴경제, 2015.09.02에서 저자 재구성

CSV는 기업이 수익을 창출한 후 사회 공헌 활동을 하는 것이 아니라 기업 활동 과정에서 사회적 가치 창출과 경제적 수익을 추구하는 것을 의미한다. 기업의 수익 창출 활동과 주변 공동체 번영이 상호 의존적이라는 인식에 기반하고 있다. 제품을 생산하는 기업의 본원적 가치와 환경, 사회, 지배구조를 고려하는 ESG 가치를 통합하는 공유 가치의 창출은 기업을 둘러싼 주변 생태계를 보존하고 사회와 공존함으로써 만들어지는 가치이다. CSV는 기업이 경제적 수익을 추구하면서 주변 공동체의 번영도 동시에 고려하겠다는 인식에 기반하고 있다.

스타벅스는 커피 맛과 양에 집중하다가 소비자의 영양 개선과 건강에 초점을 맞춘다. 환경 발자국 줄이기 운동을 국내뿐 아니라 커피 원산지에서 매장까지 확대하여 시행한다.

CSR 과 CSV 비교

CSR	CSV
• "좋은 일을 하는 것" 기업시민정신, 자선활동, 지속가능성에 초점	• 비용과 관련한 경제 사회적 이익에 초점
• 자유재량에 의한 활동	• 경쟁이라는 필수불가결한 조건과의 연관성
• 이익 극대화와의 연관성이 없음	• 이익 극대화가 핵심
• 비즈니스 목표와 관계없이 외부적 영향력에 의한 어젠다	• 비즈니스 목표에 기반한 구체적인 어젠다
• 회사의 입지와 CSR예산으로 제한된 영향력	• 전체적인 기업 예산 동원

출처 : 마이클포터교수, The role of Business in Society : Creating Shared Value, 동양 비즈니스 포럼 2011 에서 저자 재구성

CJ는 베트남 농촌 개발 사업을 통하여 현지에 농업 기술을 보급하고, 이곳에서 생산된 고추를 구매하고 중소기업을 발굴하여 이들과 동반 성장 할 수 있도록 한다.

CSR과 ESG는 기업 주도이냐 아니면 투자자 주도이냐에 따라 근본적인 차이가 있다. CSR을 정부 규제, NGO 압력 등 이해관계자들의 요구에 대한 기업의 반응적 활동이라고 한다면, ESG는 글로벌 자산운용사 등 투자자들의 압력에 기인한다. ESG와 CSR은 사회적 가치 실현 방법에서 다소 차이가 있다. CSR은 환경 오염, 계층 갈등 등 산업화 과정에서 나타난 시장 실패에 대한 책임론에서 시작됐다. CSR은 공동체 구성원인 여러 이해관계자의 니즈를 파악하고, 이를 경영 활동에 적극 반영하는 것을 의미한다. CSR은 기업이 이윤 추구 활동 외에 사회적 기여를 하는 것을 기업의 책임이라고 인식한다. 이를 통해 기업은 사회적 가치를 실현하고, 긍정적인 평판을 받는다. ESG는 여기서 한 걸음 나아가 기업의 지속가능경영을 목표로 한다. 결국 CSR이 사회적 책임을 이루어 가는 과정을 중시한다면 ESG는 환경, 사회, 지배구조 실현을 위해 얼마만큼의 성과를 이루는 가에 주목한다. 일부 기업들은 ESG를 CSR의 연장으로 위장하고 있다. 기존 CSR 활동을 모두 ESG로 무늬만 바꾸는 소위 ESG 와싱을 시행하고 있다.[11] ESG는 기업의 단기적 수익을 희생한다는 개념이 아니고, 이해관계자들의 니즈를 충족함으로써 장기적 수익률 달성을 목적으로 한다.

---

11) 권재열 외(2022), 『ESG 레볼루션』, 85p, 서울파이낸셜그룹.

· CSV와 ESG의 차이

CSV는 기업과 지역 사회가 상생하는 것을 핵심 과제로 하는 반면, ESG는 기업과 글로벌 투자자의 관계로부터 시작되었다는 점이 다르다. ESG는 투자자 관점에서 기업이 비재무적인 문제를 해결하는 경우 장기적인 재무성과도 양호할 것이라는 점에서 CSV의 개념과는 차이가 있다.[12)]

(3) 사회적 책임 투자

사회적 책임 투자(SRI: Socially Responsible Investment)는 투자가 미치는 사회적, 환경적인 결과를 고려하여 재무적 요소뿐만 아니라 기업의 지속 가능성에 영향을 미치는 ESG 요소, 즉 환경, 사회, 지배구조를 고려한 투자이다. 즉, 사회적 책임 투자는 투자자들의 장기적 수익 추구에 부합하면서 기업의 경영 활동이 사회에 이익이 되고, 영향을 줄 수 있도록 유도하는 투자 방향성을 제시한다.

사회적 책임 투자의 관점에서 특정 기업을 배제하는 투자 관행은 시대에 따라 투자 대상에서 제외되는 기업의 종류가 다르다. 1920년대는 담배, 주류, 도박 등 종교적 기준에서 문제가 될 만한 기업들이 배제되었지만, 1960년대 베트남전쟁 이후에는 대량 살

12) 조신(2021), 『넥스트 자본주의, ESG』, 43-44p, 사회평론.

상 무기 및 핵무기 제조, 탄소 과다 배출 기업 등 그 범위가 확대됐다. 이와 같이 사회적 책임 투자는 당시의 시대정신을 반영하여 소위 나쁜 기업에는 투자하지 않는다는 원칙을 준수한다.[13)]

오늘날 대표적인 사회적 책임 투자 사례로서 친환경 프로젝트나 사회적 이득을 창출하는 사업에 자금이 사용되는 녹색채권, 사회적채권, 지속가능채권, 지속가능연계채권 등을 들 수 있다. 주요 투자자들은 대형 투자 기관(연금기금, 뮤추얼펀드 포함), 보험회사, 노조, 재단, 종교단체, 지역공동체 개발 금융기관 등이 있다. 국민노후자금인 국민연금기금의 운용자산은 2024년도 2월 기준 1,070조 원에 이르고 있다. 연금 규모로는 세계 3대 기금으로 성장했다. 그러나 2023 글로벌 연금 지수(MCGPA)에 따르면 한국의 연금 제도는 보장성, 적정성, 지속 가능성, 운용관리 등에 대한 신뢰도 평가에서 평가 대상 47개국 가운데 42위로, 낮은 수준에 머물렀다.

가습기 살균제를 사용한 사람들의 폐에서 섬유화 증세가 일어나 2021년 1월까지 신고된 사망자만 1,700명 이상에 달하게 된 화학 재해가 발생했다. 국내 최대 기관투자자인 국민연금은 가습기 살균제 참사 책임이 가장 큰 옥시에 대해서 참사 이래 10여 년 동안 투자를 계속 늘려 왔다. 기업의 사회적 책임을 표방하고 가치를 고려해 '책임 투자 원칙'을 표방하고 있는 국민연금은 사회적 책임 투자(SRI)를 하지 못하고 있다는 지탄을 받았다.

---

13) 권재열 외(2022), 『ESG 레볼루션』, 80-81p, 서울파이낸셜그룹.

· SRI와 ESG의 차이

SRI는 CSR 경영을 추구하는 기업을 선발하여 투자하고 이를 통해 기업이 CSR 경영을 계속 행하도록 유도하는 투자 방법을 의미한다. 한편, ESG는 기업의 재무적 평가에 비재무적 분석을 추가하여 최적의 투자 성과를 강조한다는 점에서 SRI와 차이가 있다.[14)]

(4) 임팩트 투자(II: Impact Investing)

사회적 책임 투자(CSR)는 임팩트 투자로 진화되고 있다. 임팩트 투자는 기업이 수익뿐만 아니라 사회적 임팩트(기여)를 동시에 추구하는 ESG 시대의 변화된 투자 형태이다.

임팩트 투자는 사회·환경 문제를 해결하면서 수익성을 고려한다는 점에서 다른 투자 방식보다 성과가 뚜렷하다. 임팩트 투자는 사회적 임팩트 투자와 환경적 임팩트 투자로 구분된다. 사회적 임팩트는 지속 가능한 사회혁신을 창출하여 지역 사회의 복지를 개선하고 일반대중의 삶을 변화시키는 긍정적인 영향력을 말한다. 환경적 임팩트는 기업활동과 투자가 지구환경에 미치는 긍정적 영향이다. 즉, 지구를 보존해서 미래세대가 이익을 얻도록 한다. 임팩트 투자는 삶을 개선하고, 불평등을 줄이며 지구

14) 사회적 임팩트와 사례, 네이버 블로그 〈서울시공익활동지원센터〉에서 참고.

환경을 개선함으로써 세상을 변화시킨다.

일반금융투자는 사회적·환경적 가치와 재무적 가치 중 주로 재무적 가치만을 추구한다. 한편 사회적 책임 투자(SRI)와 임팩트 투자(II)는 사회적·환경적 가치와 재무적 가치를 전부 중요시하지만 임팩트 투자는 사회적 책임 투자보다 사회적·환경적 가치를 훨씬 더 중시한다. 기부나 자선 행위는 사회적 가치와 재무적 가치 가운데 사회적 가치만을 추구한다. 임팩트 투자는 재무적 수익뿐 아니라 사회적, 환경적 편익을 창출하는 지속 가능한 가치 창출 모델을 개발함으로써 ESG 자본주의의 핵심 키워드가 된다.

임팩트 투자는 현실적으로 좋은 일을 하며, 동시에 금전적 성공을 이룰 수 있는 탁월한 투자 전략이다.

임팩트투자와 기타 투자

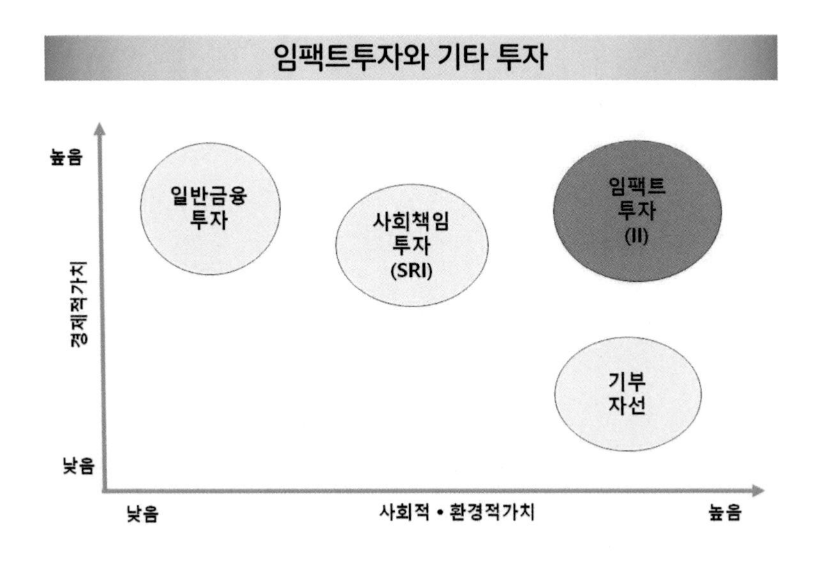

자료 : Brightmore Capital에서 저자 재구성

임팩트 투자의 성공 사례로서 당근마켓을 들 수 있다. 당근마켓은 기본적으로 중고 거래 앱으로 출발했다. 나에게는 사용가치가 없지만 다른 누구에게는 필요할 수 있는 물건을 중고 마켓에서 내놓게 되면 자연스럽게 이웃 간 연결이 활발하게 되고, 환경에 기여하는 일석 이조의 효과를 낳는다.

중고 물건 거래뿐만 아니라 자연재해 발생 시 성금 모금, 구호물품 지원, 실종 치매 노인을 찾는 일, 반려동물을 찾는 일 등에 대한 자발적 모임이 형성되고 운영된다. 사회적 임팩트의 목적은 인간의 삶이 얼마나 더 윤택하게 되었는가가 아니라 지구 환경을 개선해 이전보다 더 살기 좋은 사회를 만들었는지에 있다.[15]

15) 주성수(2022), 『공공 정책의 사회적 임팩트』, 한양대출판부.

2

ESG 경영

기업은 성장을 목표로 하고 있다. 그러나 ESG의 지향점은 이해관계자 니즈를 충족시켜서 지속 가능성을 달성해야 하는 과제가 있으므로 기업이 성장과 지속 가능성이라는 두 마리 토끼를 다 잡는 데 어려움이 있다. 예를 들어, 매출 증대로 인한 순이익의 확대는 온실가스 저감 시설비용으로 상쇄되기 때문에 이익 극대화와 온실가스 감소는 동시에 이루기 어려운 기업 목표다. 기업은 온실가스 저감 효과를 얻기 위해서 성장 목표를 적게 잡거나 포기해야 한다. 그러나 기후 변화나 사회적 문제, 지배구조를 개선하는 기업의 ESG 경영은 장기적으로 고객을 비롯한 이해관계자들의 호응으로 연결되어 성장을 지속적으로 이루어 갈 수 있게 될 것이다. 결국 ESG 경영을 적극적으로 해 나가는 것은 기업의 성장과 지속 가능성이라는 두 마리 토끼를 동시에 얻는 비결이 된다.

ESG는 이해관계자 관점에서 환경, 사회, 지배구조 개선 등 비재무적 성과를 판단하는 기준으로 지속가능경영 수준을 평가한다. ESG는 투자자 입장에서 기업이 비재무적 문제를 잘 해결하는 경우 장기적인 재무성과도 양호하여 지속 가능성이 있는 기업으로 인식할 것이라는 점을 시사한다. 뉴욕대학교 경영대학원 연구에 의하면 지속가능성경영을 하는 기업이 그렇지 않은

기업에 비해 5.6배 빠르게 성장했다고 보고했다.[16)]

ESG는 한때 6시그마운동이나 윤리경영 실천과 같은 일시적인 유행과는 다른 패러다임을 가진다. 더 이상 미룰 수 없는 지구 환경 문제와 직결되어 있어 지금 동참하지 않으면 회복과 생존이 어렵다.

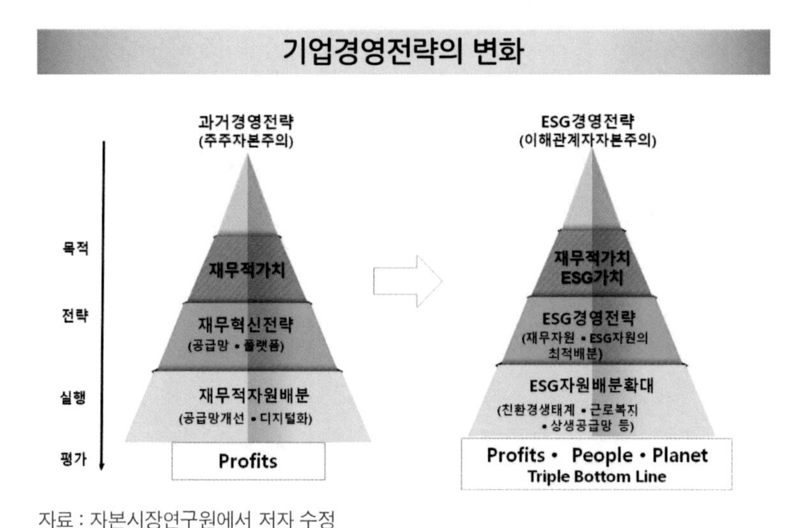

자료 : 자본시장연구원에서 저자 수정

기후 변화 위험과 사회적 양극화 문제 등이 노출되자, ESG 경영의 필요성이 제기되었다. 주주자본주의의 한계가 드러나고, 이해관계자자본주의로의 전환이 요구됨에 따라 기업의 경영 전

---

16) Yossi Sheffi(2021), 『밸런싱 그린: 탄소중립시대, ESG경영을 생각한다』, 24p, 서울:리크스 인텔리전스 경영연구원.

략도 변화를 가져왔다. 주주자본주의에서의 경영 전략을 과거 경영 전략이라고 하고 이해관계자자본주의를 ESG 경영 전략으로 본다면, 각 단계별 목적, 전략, 실행 평가 단계에서 차이가 있다. 첫째, 목적단계에서 과거경영전략은 오직 재무적 가치에 중점을 두지만 ESG 경영전략에서는 재무적 가치 외 환경, 사회, 지배구조 가치를 함께 고려한다. 둘째, 주주자본주의에서는 오로지 이익 극대화라는 재무 혁신 전략으로 공급망 플랫폼을 구축하여 제품 생산, 유통, 최종 판매 단계에서 기업이 필요로 하는 자동화 시스템을 구축해 왔다. 그러나 ESG 경영 전략은 단계별 ESG 자원의 효율적인 최적 배분에 초점을 맞춘다. 셋째, 실행 단계에서도 두 전략은 확연한 차이를 나타낸다. 주주자본주의에서는 단순히 공급망 개선과 디지털화를 도모하지만, ESG 경영 전략에서는 ESG 기반으로 친환경 생태계를 보호하고 산업 재해와 중대 재해 감소를 목표로 근로 복지에 치중한다. 또한, 상생 공급망을 관리하고 대외 환경 변화에 유연하게 대응한다. 넷째, 주주자본주의에서는 단지 이윤만을 추구하지만, ESG 경영 전략은 지구, 사람, 이윤이라는 세 가지 주된 요소를 중심으로 하는 지속 가능성 프레임워크를 추구한다. 이 세 가지 요소를 극대화할 때 기업은 재무성과를 개선하는 동시에 효율적인 최적 자원 배분과 고객 신뢰를 기반으로 지속가능성장을 이루게 된다.

경영자는 많은 의사 결정 과정에서 하나를 선택하면 다른 하나는 희생해야 하는 트레이드 오프(trade-off) 관계를 고민하고

ESG 경영과 시장확대
재무적가치와 이해관계자가치

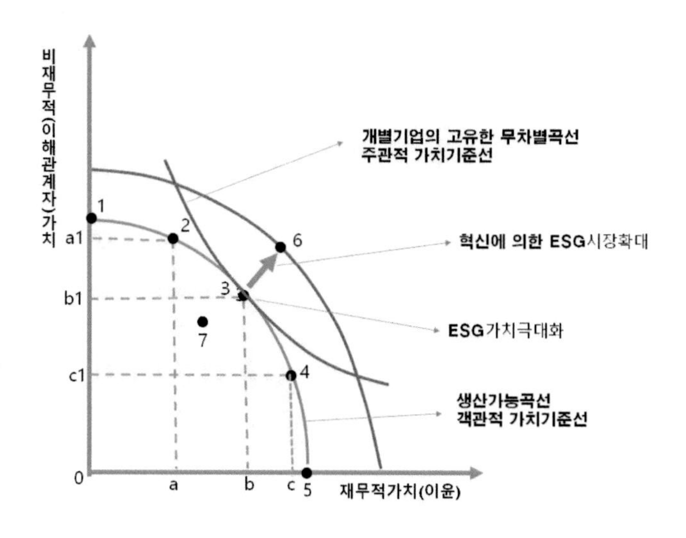

있다. 예컨대 온실가스 배출량 감축과 이윤은 모두 중요한 요인으로, 어느 하나도 쉽게 포기할 수 없다. 온실가스 배출을 줄이기 위해 탄소 저감 설비 투자를 늘리면 이윤 감소로 이어진다. 그 반대도 성립한다. 탄소 저감 설비 투자를 줄이면 그만큼 이윤은 증가한다. 즉, 매출이 늘어 이윤이 증가하면 생산량을 늘리게 되고, 곧 온실가스 배출 증가로 이어진다. 따라서 온실가스 배출량과 이윤은 정비례 관계이다. 그림은 두 가지 목표를 다 달성할 수 있는 최적 상태를 분석하고 있다. 가로 축은 이윤, 즉 재무적 가치를 나타내고 세로 축은 이해관계자 가치인 비재무적 가치를 나타낸다. 그림 속 2에 위치한 기업은 온실가스 배출을 줄이기 위한 투자를 증가하여 재무적 가치는 적지만 이해

관계자 가치는 큰 기업이다. 반면 4의 경우, 이윤은 많이 내지만 환경과 사회 문제는 등한시하기 때문에 이해관계자 가치가 낮다. 원점에 대해서 오목한 곡선은 생산가능곡선을 나타낸다. 즉 1, 2, 3, 4, 5는 객관적인 생산 가능 곡선상에서 기업이 자신의 역량에 따라 생산 활동을 한다. 그런데 7과 같이 생산가능곡선 아래 머무른다는 것은 기업이 자신의 역량을 십분 발휘해서 생산 가능 곡선으로 이동할 수 있는데도 비효율적으로 경영하고 있음을 나타낸다. 생산 가능 곡선 아래 위치하는 기업들은 재무적 가치와 이해관계자 가치 간 트레이드 오프 관계가 존재하지 않는다. 3에 위치한 기업은 자신의 고유한 가치 기준선과 시장의 객관적인 생산 가능 곡선이 일치하는 최적점에서 ESG 가치 극대화를 달성한다. 이 기업은 혁신을 통해 장기 생산 가능 곡선을 오른쪽 위로 상향시켜서 6으로 도약할 수 있다. 즉, 이윤 극대화와 환경, 사회적 문제를 조화시켜 ESG 가치를 극대화하는 ESG 시장의 확장 목표를 이룬다. 결국 ESG 시장이 6으로 확대 재생산된다.[17)]

기업이 생존하고 지속 가능성을 유지하기 위해서는 ESG가 필수적인 요소로 자리 잡고 있다. 글로벌 공급망에 대한 ESG 평가기관인 RBA와 Ecovadis는 ESG 평가 기준을 제시하고, 18개 과제를 선정해 발표했다. RBA와 Ecovadis는 글로벌 기업에 대한 ESG 행동 지침을 준수하도록 자율적 규범 형태로 제시하는 협의체 또는 조직이다. 18개 과제를 시급성과 관리 용이성에 따라 분류하고, 이를 분석했다. ESG 경영에서 과제의 시급성을

17) 조신(2021), 『넥스트 자본주의, ESG』, 331-333p, 사회평론. 해당 도서를 참고.

횡 축, 관리 용이성은 종 축에 두고 장단기 전략 계획과 우선순위에 따른 좌표를 설정했다.

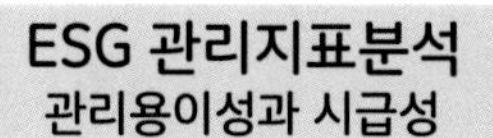

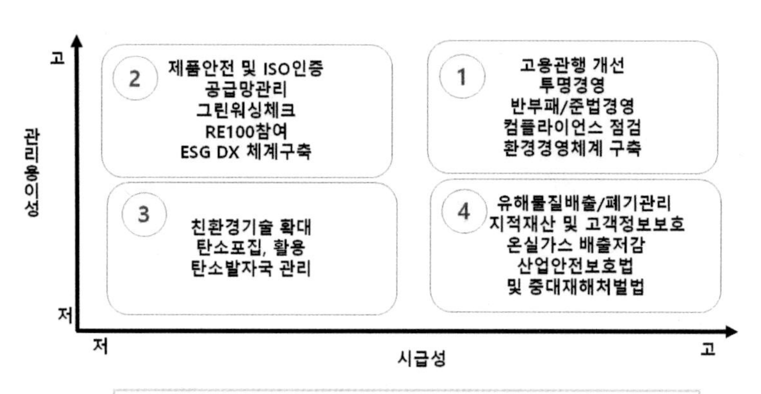

ESG(환경, 사회, 지배구조)경영에서 시급성과 관리용이성을 고려하여 장단기 전략계획과 우선순위를 결정하는 것이 필요함.

18개 과제를 관리 용이성과 시급성 좌표에서 4개의 섹션으로 분류했다. 시급성에 대한 평가는 각 지표별 관련 리스크와 재무 영향 발생 가능성을 기준으로 분류했다. 관리 용이성은 관리 체계 수립 및 개선 활동 추진 시 소요되는 기간에 따라 판단했다. 먼저 섹션 ①에 속한 지표들은 신속하게 대응할 필요가 있으며, 관리가 용이하고, 비용이 크게 발생하지 않는다. **컴플라이언스 등 주로 연성 규범**(soft law)에 해당되는 영역이다. 여기에는 **고용관행 개선, 투명 경영, 반부패, 준법경영, 컴플라이언스 점검, 환경 경영 체계 구축 등이 포함된다.** 섹션 ②에 속한 과제는 그다지 시급하지 않고, 의사 결정과 관리가 용이하다. 여기에는 **제품 안전 및 ISO 인증, 공급망 관리, 그린워싱 체크, RE100 참여, ESG DX 체계 구축 등이 있다.** 섹션 ③의 과제는 시급하지 않지만 중장기적인 과제이며, 비용이 발생하므로 관리가 용이하지 않다. 여기에는 **친환경 기술 확대, 탄소 포집, 활용, 탄소 발자국 관리 등이 포함된다.** 섹션 ④는 신속하게 대응할 필요가 있지만 예상되는 기간이 중장기적이며, 비용이 발생하므로 관리가 용이하지 않다. 여기에는 **유해 물질 배출 및 폐기 관리, 지적재산 및 고객 정보 보호, 온실가스 배출 저감, 산업안전보호법 및 중대재해처벌법 등 경성 규범(hard law)에 해당되는 영역이다.**

ESG 경영의 새로운 패러다임은 기업이 기본적인 이윤추구활동을 유지하면서, 이해관계자 요구를 받아들여 기업의 사회적 책임(CSR)을 준수하는 것을 말한다.

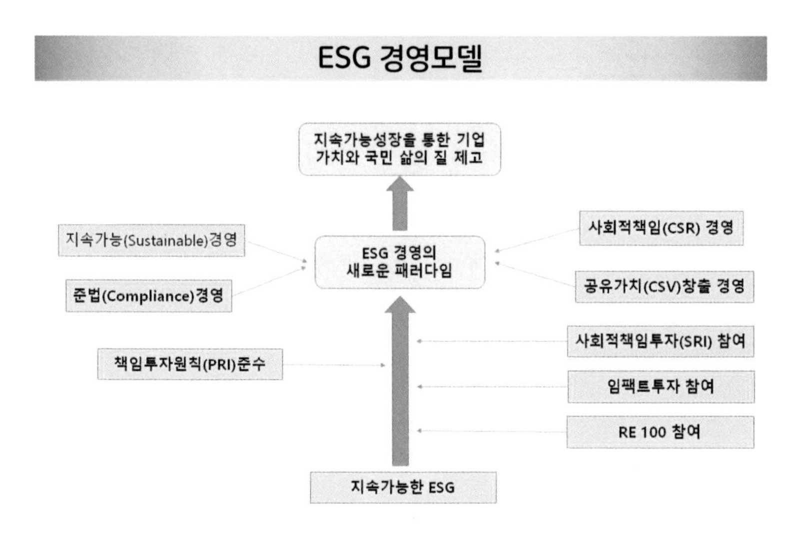

한편 마이클 포터 교수는 공유 가치 개념이라는 새로운 비즈니스모델을 통해 사회적 환경적 문제를 해결하고자 한다. CSV와 CSR의 차이점을 한 가지 실례로 살펴보자. 개발도상국 농부들이 더 많은 수익을 보장하도록 일반 커피보다 10% 정도 비싸게 구매해 주는데 이것은 전형적인 CSR 활동이다. 하지만 이것만으로는 현지 농부의 삶에 큰 변화가 없고, 기업 입장에서도 양질의 커피 원두를 다량으로 확보하기 힘들다. 네슬러는 새로운 품종의 커피와 혁신적인 농경법, 원두처리기술 등을 현지 농부들에게 전해 주었다. 그 결과 현지 농부들의 수입이 세 배가량 늘어났고, 네슬레도 이전보다 품질이 뛰어난 원두를 확보할 수 있었다. 이와 같이 현지 농부와 기업 모두에게 이익이 돌아가는 방안이 CSV이다.

투자자들의 평가 기준은 재무적 성과만을 중시하던 과거 방식과는 달리 금융시장에서는 해당 기업의 비재무적 특성을 중요하게 고려한다. 이에 따라 글로벌 기관투자자들을 중심으로 사회적 가치 및 윤리적 가치를 반영하는 기업에 투자하는 것이 사회적 책임 투자(SRI)라는 인식이 자리 잡아 가고 있다. 이를 감안하여 국제표준화기구(ISO)는 기업의 사회적 책임과 관련된 ISO26000을 제정하여 국제상거래에 적용하고 있다. 컴플라이언스(compliance)는 법이나 규칙, 특정 산업이나 작업 유형을 통제하는 행위이다. 컴플라이언스 부서는 구성원이 법령과 윤리를 준수하며, 조직이 직면한 위험을 파악하고, 이를 피하거나 해결하는 방법에 대해 조언한다. 정기적인 내부 감사를 시행하고 직원들이 내부정책과 내규를 준수하도록 통제하며, 그 효과를 모니터링하여 보고한다. 준법경영의 목표는 조직의 경영진과 직원들이 회사에 적용되는 법규, 규정, 규칙 및 표준을 준수하도록 보장하는 것이다.

월마트는 최저가격정책과 대량 생산을 통한 규모의 경제를 앞세워 지속가능경영을 성공적으로 이루어 가는 대표적인 기업이다. 미국 동네 소매점을 하나씩 퇴출시키고, 유통업계의 돌풍을 일으켰다. 승승장구할 것만 같던 월마트가 2000년대 들어 유통업계의 양극화, 저임금 이슈, 노조 문제 등으로 사회적 비난에 시달렸다. 그런 월마트가 미국 최악의 재난 현장, 카트리나에 구호 물품을 신속히 투입하여 이미지 반전의 계기를 마련했다. 이와 함께 재생에너지 활용, 폐기물 제로 등 지속가능경영에 대한 공약을 내세웠다. 이 덕분에 월마트에 대한 기업 평판은 상승세로 돌아섰다. 국민들로부터 존경받는 기업이 장수한다는 것은 기업의 기본적인 생존 법칙이다.[18]

임팩트 투자(Impact Investing)는 보건, 교육, 수자원, 재생에너지 등 특정 사회 또는 환경 이슈에 영향력을 행사하는 데 집중하는 투자 행태이다. 사회적·환경적 가치에 중심을 두지만 일반적인 투자 포트폴리오에 비해 뒤지지 않는 수익을 올린다. 임팩트 투자는 재무적 수익을 추구하는 동시에, 긍정적이고 측정 가능한 사회적·환경적 영향을 이끌어 내려는 의도로 이루어지는 투자이다.[19]

---

18) 매일경제 ESG팀(2021), 『이것이 ESG다』, 18p, 매경출판.

19) 박태영 외(2021), 『ESG의 구조』, 21p, 문우사.

1) ESG 경쟁력

ESG경영 경쟁력을 키우는 6대 트랜드

마이클 포터는 ESG 경영에서 유니크하고 가치 있는 위치를 만들어 내는 것이 중요하다고 말했다. 차별화된 경쟁 우위 요소로 쉽게 모방할 수 없는 지속 가능한 자리를 차지하는 것이 차별화 전략이다.

ESG 경쟁력을 높이기 위해서는 탄소 중립, 지속가능경영, 생물다양성 보호, CSR/CVR 경영, 투명한 지배구조 그리고 ESG 디지털 관리 등 6가지 과제를 달성해 나가야 한다. 탄소 중립 혹은 '넷제로(Net-Zero)'는 지구 기후에 영향을 미치는 온실가스 배출량만큼 흡수량을 같게 만들어 순(Net) 배출이 제로가 되도록 만드는 것을 말한다.

우리나라는 2050년을 탄소중립을 이루는 해로 정하고 있다. 넷제로 배출(Net zero emissions)은 탄소 중립(carbon neutrality)으로도 불린다. 인간 활동의 결과 발생하는 탄소 배출을 최대한 줄이고, 남은 탄소는 숲 복원과 조성으로 흡수하거나 이산화탄소 포집, 저장, 활용 기술 등으로 제거해서 실질적인 배출량을 0으로 만든다는 개념이다.

지속가능금융과 ESG경영

Environmental 환경 기후변화 및 탄소배출, 환경오염, 생물다양성, 자원 및 폐기물 관리, 에너지 효율 등				
Social 사회 고객만족, 데이타보호, 프라이버시, 인권,성별 및 다양성, 지역사회관계, 공급망관리 등	+	**재무적 성과 (Financial Performance)**	=	**지속가능금융 (Sustainable Financing)**
Governance 지배구조 이사회구성 및 독립성, 감사위원회 구조, 뇌물 및 부패, 로비, 정치기부금, 기업윤리 등				

출처 : 삼정 KPMG경제연구원에서 저자 수정

전 세계적으로 ESG 경영과 지속 가능 금융에 대한 관심이 높아지고 있다. 국제기구와 각국 금융당국은 지속 가능 금융 관련 공시 강화, 투자의사결정에 환경, 사회, 지배구조와 같은 비재무적 요인을 반영하는 ESG 투자 확대, 환경적으로 지속 가능한 경제 활동에 대한 분류 체계(Taxonomy) 마련, 투명한 지배구조 마련, ESG 평가 체계의 표준화, 정보 공시 제도 개선 등에 대한 대책을 심도 있게 진행하고 있다.

기업이 지속 가능한 금융을 유지하기 위해서는 재무적 성과뿐만 아니라 비재무적 요소인 환경, 사회, 지배구조 등 ESG 요소까지 통합적으로 고려해야 한다.

환경 요인으로는 환경 오염, 탄소 배출, 생물다양성 파괴, 폐기물 관리, 에너지 효율 등이 포함된다. 사회 요인으로는 데이터 보호, 인권, 프라이버시, 공급망 관리 등이 있으며, 지배구조에는 이사회 구성 및 독립성, 감사위원회 구조, 뇌물 및 부패, 기업 윤리 등을 고려해야 한다.[20]

미국의 글로벌 엔터테인먼트 기업인 넷플릭스(Netflix)는 전 세계 190개국에서 2억 명 이상의 고객을 보유하고 다큐멘터리, 영화, 드라마 등 다양한 콘텐츠를 제작 서비스하는 글로벌 기업이다. 넷플릭스의 비전은 다양한 언어와 장르를 통해 최고의 스토리로 세상을 즐겁게 하는 데 있다. 넷플릭스가 엔터테인먼트로 즐거운 세상을 만드는 장소는 우리가 살아가는 세상이며, 이를 위해 중요한 것은 환경의 지속 가능성과 다양성 존중에 있

20) 삼정 KPMG 경제연구원, 「금융과 ESG의 공존: 지속 가능한 금융회사의 경영 전략」, 2021.

다. 넷플릭스는 콘텐츠 제작과 첨단 기술 융합에 대한 비전을 제시하고, 지속적인 혁신을 이루어 가고 있다. 여성 수감자의 다양한 이야기를 다룬 미국 드라마 〈오렌지 이즈 더 뉴 블랙(Orange Is The New Black)〉 시리즈는 오늘날 넷플릭스를 있게 한 효자 콘텐츠다. 교도소 내 정의와 인권 보장, 소외 계층 돌봄, 인종 차별 철폐 등 사회적 가치가 반영된 이 드라마는 전 세계적으로 호응을 받았다. 이는 넷플릭스가 사회 부문의 ESG 경영을 잘하고 있다는 증거다. 또한, 2021년 전 세계를 강타한 K-드라마 〈오징어 게임〉은 무려 1억 4,000만 명이 시청했고, 전 세계 94개국에서 시청률 1위를 기록하며 신드롬을 일으킨 화제의 드라마이다. 넷플릭스가 〈오징어 게임〉에 투자한 금액은 약 285억 원인 데 비해 〈오징어 게임〉이 창출하는 경제적 가치는 약 1조 원에 이른다. 조직의 다양성과 포용성을 창의력과 연결시키는 역할을 했다는 평가를 받았다. 30배가 넘는 수익률로 대박을 터뜨린 〈오징어 게임〉은 넷플릭스가 아니면 세상에 나올 수 없었다. 2009년에 시나리오가 완성됐지만 낯설고 잔인하고 상업성이 없다는 이유로 투자자들의 외면을 받았던 작품이었다.[21]

넷플릭스의 전략이 성공한 것은 인종, 민족성, 젠더, 성 소수자, 인권 등의 다양성 지표를 존중해 ESG 경영이 추구하는 사회 부문 목표에 근접했기 때문이다.

---

21) 김재필(2022), 『ESG 혁명이 온다 2』, 372-373p, 한스미디어.

2) RE100 실천

전기를 사용하지 않고 생산 활동을 하는 기업은 지구상에 한 군데도 없다. 전 세계에서 생산되는 전기의 2/3는 화석 연료(석탄, 석유, 천연가스)를 데워서 물을 끓인 후 여기서 나오는 증기로 터빈을 작동시켜 생산한다. 산업별 온실가스 배출량 비중을 보면 발전 분야가 1위이고, 철강, 석유 화학, 시멘트 등의 순위이다. 현재 전력을 만들기 위해 소비된 에너지 자원별 비중은 석탄 > 원전 > LNG(천연가스) 순서이다. RE100(Renewable Electricity 100%) 캠페인의 주된 목표는 명확하다. 우리가 직면하고 있는 글로벌 위기인 기후 변화를 막기 위해서 기업 활동에 필수적인 전기를 생산할 때 온실가스를 배출하지 않는 재생에너지로 생산하겠다는 것이다. RE100 캠페인은 기업 활동에 필요한 전력량의 100%를 2050년까지 태양광과 풍력 등 재생에너지를 이용해 발전된 전력으로 대체하겠다는 기업들의 자발적인 글로벌 재생에너지 캠페인이다. 재생에너지란 소모되는 것보다 더 빨리 보충되는 천연 자원에서 생성된 에너지로서, 청정에너지라고도 한다. 재생에너지에는 태양광 발전, 풍력, 수력 발전, 지열 에너지 및 바이오매스가 포함된다. 탄소 집약적인 화석 연료 중심의 에너지 정책에서 벗어나 재생에너지에 의한 저탄소 전략으로의 전환을 추구하는 것이다. 탄소를 배출하지 않고 전기를 생산하기 때문에 넷제로(Net Zero) 달성을 이끌 에너지원으로 주목받고 있다.

그러나 재생에너지만으로는 넷제로를 달성하는 데 충분하지 않다. 풍력 발전을 위해 연중 바람이 부는 곳을 찾아야 하는데, 마땅한 곳이 적고, 산지가 대부분인 우리나라는 태양광 설치를 위해 나무를 베어 내는 모순을 갖는다.

RE100가입국가 와 국내기업현황

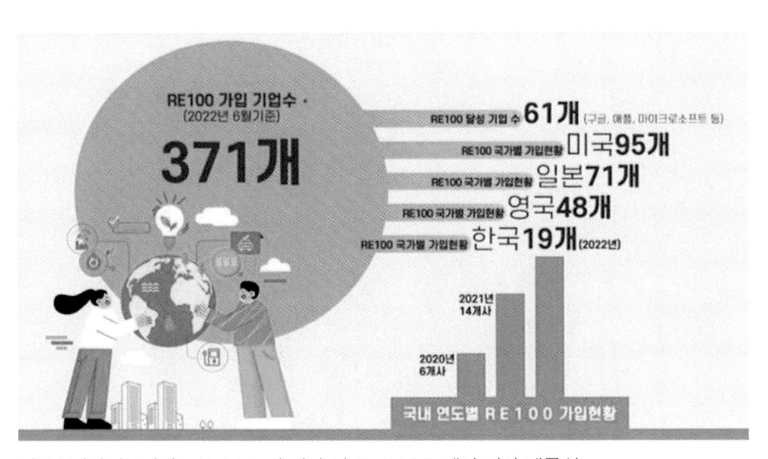

자료 : 딜사이트경제TV, RE100의 명과 암, 2022.06. 에서 저자 재구성

재생에너지 속에는 원자력이 포함되지 않기 때문에 RE100 대신 원자력 발전이 포함된 CF100(Carbon Free 100)을 목표로 하는 것이 바람직하다는 의견도 대두되고 있다. 원자력 발전은 우라늄의 핵분열 때 나오는 에너지로, 보일러에서 물을 끓이고, 그 증기의 힘으로 터빈을 돌려 전기를 만든다.

RE100에 동참한 기업은 2022년 기준 미국, 일본, 영국, 한국 등 371곳에 이른다. RE100 가입은 재생에너지가 풍부한 미국과 유럽 등 국가에서 더욱 활발하게 이루어지고 있다. 구글은 자사의 글로벌 시설이 2022년 지역 재생에너지로 평균 64%의 에너지 소비를 달성했다고 공개했다. 특히, 핀란드에서 97%로 가장 높은 비율을 달성했으며, 칠레, 덴마크 등도 90%를 넘어섰다. 재생에너지 전환과 공급은 이제 기업 경쟁력이며, 재생에너

RE 100 주요수단과 이행방법

분류	조달방식	내용
직접생산	자가발전	자가소비를 위해 신재생전원 설비에 직접투자해 생산한 전력사용
전력구매	녹색요금제	별도 요금제를 이용해 신재생전원으로 발전한 전력에 더 높은 요금을 지불하는 방식
	PPA	발전사업자와 직접계약을 체결해 일정기간 재생에너지 전력을 구매하는 방식
	인증서구매	발전사업자로부터 REC등을 구매해 재생에너지 소비를 인정받는 방식

출처 : 한국전력경영연구원에서 저자 수정

지 확대는 온실가스 감축과 미래 비용 감소와도 연관된다. 또한 RE100 가입 자체만으로도 기관투자자와 투자 은행들의 투자 요인으로 작용하므로 기업 경쟁력 확보에 긍정적인 영향을 미친다.[22)]

RE100은 강제가 아닌 기업들의 자발적인 참여로 진행되는 캠페인이다. RE100 참여를 선언한 기업은 애플과 구글, 페이스북, 마이크로소프트, GM 등 수백 개가 넘고, 2018년 기준으로 애플과 구글 등 30여 개의 기업은 이미 100% 목표를 달성했다. 국내 기업 중에도 RE100에 가입한 기업으로는 SK와 6개 계열사와 LG 에너지 솔루션, 한국수자원공사, KB금융그룹, 미래에셋증권 등이 있고, 앞으로 늘어날 전망이다. 아모레퍼시픽의 경우, 국내 화장품 기업 중 최초로 RE100에 가입했다. 제품의 수명 주기 전 단계에서 발생하는 온실가스를 저감하기 위해 국내외 전 사업장에서 재생에너지 사용률을 100%까지 끌어올렸다. 즉, 아이디어를 내고, 제품을 만들고, 생산하고, 판매하고, 홍보하고, 쇠퇴하여 단종시키는 모든 과정에서 태양광 발전 시설을 추가로 설치했다.

---

22) 딜사이트경제TV, 2022.

3) ESG 디지털 전환 (Digital Transformation: DX)

피터 드러커는 '측정되지 않는 것은 관리될 수 없고, 관리할 수 없으면 개선도 불가능하다'고 말했다. 경영학은 수치로 드러나는 순자산, 장부 가치, 시장 가치 등 정량적 요소는 물론이고 평판, 브랜드 가치, 리더십 등 측정하기 힘든 정성적인 요소들을 측정 가능하게 만들어 관리하는 학문이다. 이와 같이 ESG 경영도 그 성과를 평가하기 위해서는 환경, 사회, 지배구조의 모든 요소들을 측정 가능한 요소로 전환해야 한다. 특히 ESG는 경영학보다 훨씬 더 정성적 요소들로 가득하다.

대기업이든 중소기업이든 모든 기업은 미래에 지속 가능한 경쟁력을 가지기 위해서는 ESG라는 거대한 흐름을 관리해야 하고, 이를 위해서 환경, 사회, 지배구조 부문의 비재무적 요소를 정량화해서 수치로 만드는 과정이 반드시 필요하다. 이것을 이루는 영역이 ESG 디지털 전환 분야이다. 디지털 트랜스포메이션(digital transformation)에서 접두사 Trans는 '뛰어넘다'라는 뜻을 포함하고 있어 X로 줄여 쓴다. 그래서 Digital Transformation(디지털 전환)은 'DX'라는 약어로 사용된다. 코로나19 팬데믹은 비대면 기술 사용을 극대화하면서 디지털 서비스 기업의 성장세를 가속화하였다. 애플, 아마존, 마이크로소프트, 구글, 페이스북 등 글로벌 디지털 기업들은 단순히 비즈니스 지원 수단을 떠나 이제는 기업의 운명을 좌우하는 핵심 자원으로 기능하고 있다.

기존의 것보다 더 많은 것을 생산하는 효율성(efficiency) 경쟁은 투입(input)을 줄이고 산출(output)을 늘리는 규칙으로, 모든 기업이 할 수 있는 게임 룰이며, 수배의 생산성 향상을 다져 온다. 그러나 기존에 없던 것을 창조하는 효과성(effectiveness)은 수백 배의 생산성 향상을 가져온다. 이러한 압도적인 생산성 향상의 중심에 디지털 전환(DX)이 있다.

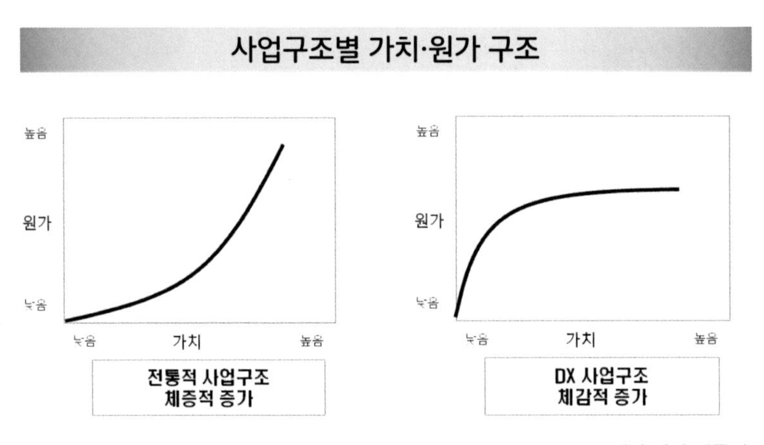

출처 : 송호근 외 ESG시대의 지속가능경영 기업시민, 플랜비, 2023, 212. 에서 저자 재구성

ESG 경영과 디지털 전환은 동전의 앞면과 뒷면처럼 밀접한 관계를 가지고 있다. ESG 혁신 경영을 위해서는 많은 투자가 요구된다. ESG 방향에 맞게 사업을 전개하기 위해서 때로는 사업 구조와 제품과 서비스 형태를 변경해야 하기 때문에 기업들은 가치-원가 딜레마에 봉착하게 된다.

디지털 트랜스포메이션이 없는 전통적 사업 구조에서는 가치가 증가하게 되면 자원과 시간에 따라 투입된 원가 비용은 체증적으로 늘어난다. 그러나 ESG 경영에 디지털 트랜스포메이션을 도입하면 가치 증가에 따른 원가 비용은 획기적으로 절감된다. ESG 경영을 위해서 새로운 사업 기회를 창출하거나 경영 효율을 높이거나 리스크를 관리할 때 인공지능, 사물인터넷, 빅데이터 기술, 클라우딩 컴퓨팅 등 다양한 디지털 기술을 사용하게 된다. 디지털 전환은 고객의 문제를 해결하고, 자원과 프로세스 운영에 있어 유연성과 탄력성을 확보하며, 시간을 절약하는 가장 효과적인 방법이다. ESG 디지털 전환 구조(DX)가 이루어지면 가치 구조가 커질수록 원가는 체감적으로 증가한다. 이것이 ESG 경영에서 디지털 트랜스포메이션이 필요한 이유다.[23)]

ESG와 관련된 활동에 ICT(정보통신기술: Information & Communications Technology)를 접목시키면 업무의 효율성이 높아지고, 결과에 대한 객관성과 정확성, 신뢰 및 투명성이 향상된다. ESG 경영의 전 과정에서 ICT 도입을 통해 ESG 데이터를 수집

23) 송호근 외(2023), 『ESG시대의 지속가능경영 기업시민』, 212-213p, 플랜비디자인.

및 관리하고 DX(디지털 전환)을 이룬다.

ESG 경영이 뛰어나더라도 환경, 사회, 지배구조의 정성적인 세 가지 요소를 수치화하여 데이터베이스로 전환하지 못한다면 투자자나 평가기관으로부터 좋은 평가를 얻지 못한다. ESG 평가기관의 평가 등급을 보면 마이크로소프트, 구글, 애플, 테슬라 등 ICT 기업들이 상위 평가를 받고 있다.

SDGs목표달성을 위한 ICT 활용사례

SDGs	SDGS
빈곤종식	•가격정보 제공을 통한 수익 증대 •모바일 뱅킹을 통한 소액금융 및 대출 접근성 제공 •모바일 지급결제 시스템을 통한 거래비용 감소 •컴퓨터 시뮬레이션을 통한 정책 개발 지원
기아종식	•스마트농업으로 토양·기후 상황 감지, 산출량 증대 •식량 공급망 조정을 통한 폐기물 감소 •작물 관리를 통한 토질 회복력 증진 및 지속가능한 농업 구현
보건 복지	•IoT 활용, 저가의 건강 검진·진단 •특수 진단 장비를 통한 도서·산간 보건 인력 지원 •빅데이터 분석에 기반한 전염병 예보
에너지 사용관리	•스마트계량기·기기를 활용한 에너지 사용 관리 •스마트그리드를 통해 이산화탄소 배출량 감축, 지속가능한 에너지 공급
불평등 해소	•생산을 분권화·지역화해 소득 불평등 저감
도시	•IoT 활용, 효율적인 도시 운영 빅데이터 분석 •AI로 도시 교통 시스템 개선
평화·정의	•빅데이터 분석과 자료 공개 정책을 통한 시민의 권익 증진 •빅데이터 분석·모니터링을 통한 정부 투명성 증진

자료 : 국제전기통신연합에서 저자 재구성

국제연합(UN)의 지속가능발전목표(SDGs)는 지구를 보호하며, 전 세계 빈곤을 종식시키고, 모든 사람이 번영과 평화를 누릴 수 있도록 2015년에 제정되었다. 이를 계기로 ESG 경영이 기업과 국가 경제의 필수적 요인으로 자리 잡아 나가고 있다. 세계 각국과 기업들은 ESG 경영 목표 달성을 실현할 핵심 수단으로 정보통신기술(ICT)을 주목하고 있다.

ICT는 빈곤과 기아 종식에 핵심적인 역할을 한다. 모바일 뱅킹과 같은 서비스는 사용자에게 정확한 정보를 제공한다. 이로써 빈곤층도 소액 대출 등 경제 자원에 대한 동등한 권리를 보장받는다. 특히 영세사업자가 쉽게 시장 정보에 접근함으로써 영세 사업자와 대기업 간 정보 격차를 줄여 준다.

ICT가 농가에 제공하는 시장 정보, 일기 예보는 물론 관개 자문, 파종과 수확 시기, 물류, 저장 등에 필요한 정보는 매우 유용하다. 이를 통해 수확량 증가, 토양 복원 등 생산성 향상에 기여함으로써 식량 생산 증진과 기아 감소에 도움이 된다.

의료 분야에서의 ICT 역할은 의료진의 진단 서비스 접속, 인공지능(AI)·빅데이터를 활용한 환자의 질병 발생 유형, 내원 빈도, 의료 상식 등을 파악해 질병에 대한 사전 예측 가능성을 높이고, 양질의 의료 서비스를 제공한다. 또한 ICT는 온실가스 감축에 기여하고, 에너지 사용량 절감 효과를 가져온다. 그중에서도 사물인터넷(IoT, Internet of Things)은 온실가스 배출 저감 효과가 뛰어나며, 에너지 효율 개선에 크게 기여한다. 스마트 ICT 애플리케이션 도입은 에너지, 교통, 건물 관리, 제조업, 농업 분야에서 기후 변화의 영향을 완화하는 데 유용하다. AI와 사물

인터넷은 건물과 공장 관리에 유용하다. 각종 설비와 기기를 하나의 관리 체계로 묶어 일괄 제어 함으로써 자원 사용과 낭비를 줄인다. 여기에 위성과 기상 측정 장비를 연결해 실시간 기상 정보를 공유하고, 조기 예보 하여 각 분야 담당자들의 의사결정에 도움을 준다.

ICT는 국제 협력 및 기술 이전 촉진과 역량 구축, 이해관계자와의 협력 강화, 데이터 모니터링 등을 통해 기업과 국가의 지배구조를 투명하게 만든다. 최근 지구 온난화 등 기후 변화로 인해 온실가스 총량이 크게 증가하는 양상을 보이고 있다. 이에 ICT 기술로 기후 위기를 극복하기 위한 '기후테크'가 관심을 모으고 있다. 기후테크는 기후에 ICT 기술을 접목하여 수익을 창출하면서 온실가스 감축에 기여하는 것을 의미한다. 기후테크는 산업의 한 분야로 자리 잡고 있으며, 신시장을 형성하고 있다.

기후테크의 5대 분야는 클린, 카본, 에코, 푸드, 지오테크이다. 그 세부 영역을 보면 클린테크는 재생에너지, 에너지 신산업, 탈탄소 에너지를 담당하고, 카본테크는 탄소 포집, 공정 혁신, 모빌리티, 에코테크는 자원 순환, 폐기물 절감, 친환경 소비제품, 푸드테크는 대체 식품, 스마트 식품, 친환경 농업 분야, 지오테크는 우주, 위성, 기후 적응, AI, 데이터, 금융 등을 담당한다.

구체적으로, 재생에너지, 에너지 신사업, 탈탄소 에너지를 제공하는 '클린테크(Clean Tech)', 탄소 포집, 공정혁신, 모빌리티 기술을 개발하는 '카본테크(Carbon Tech)', 폐기물 절감, 친환경 제품 개발, 자원 순환에 초점을 둔 '에코테크(Eco Tech)', 대체 식품,

기후테크 5대분야별 세부유형

구분	세부유형
클린테크	• 재생에너지: 재생에너지 생산, 에너지저장장치(ESS) • 에너지신산업: 가상발전소, 송·배전, 분산형 에너지공장, 에너지 디지털화 • 탈탄소에너지: 원전, SMR, 수소, 핵융합 등 대체 에너지원 발굴
카본테크	• 탄소포집: 직접포집(DAC), 생물학적 탄소제거 • 공정혁신: 제조업 공정 개선, 탄소저감 연·원료 대체 • 모빌리티: 전기차, 차량용 배터리, 물류, 퍼스널 모빌리티
친환경 테크	• 자원순환: 자원 재활용, 폐자원 원료화, 에너지 회수 • 폐기물절감: 폐기물 배출량 감축, 폐기물 관리시스템 • 업사이클링: 친환경 생활소비제품
푸드테크	• 대체식품: 대체육, 세포배양육, 대체유, 대체아이스크림 • 스마트식품: 음식물쓰레기 저감, 친환경 포장, 식품 부산물 활용 • 애그테크: 친환경농업, 대체비료, 스마트팜
지오테크	• 우주·기상: 위성 탄소관측, 모니터링, 기후감시·예측, 기상정보 • 기후적응: 물산업, 재난 방지 시설·시스템 • AI·데이터·금융: 기후·탄소 데이터 컨설팅, 녹색금융, 블록체인, NFT

자료 : 탄소중립녹색성장위원회에서 저자 재구성

스마트 식품, 친환경 농업을 추진하는 '푸드테크(Food Tech)' 그리고 '지오테크(Geo Tech)'는 기후 감시 및 예측, 재난 방지 시스템, AI 및 금융 정보들에 초점을 둔다.[24)]

AI가 친환경 에너지를 관리하고, 탄소 배출을 감소시키며, 로봇을 이용하여 폐기물 처리를 하는 등 환경 분야에서의 ICT 활

24) ESG-ICT 시너지, 정보통신신문, 2024.5.3.

용은 제4차 산업혁명 시대에서의 큰 흐름 중 하나이다. ESG 활동은 대부분 정성적이며 비재무적이지만, 투자자는 ESG 성과를 보고 투자를 결정하므로 결과는 수치로 보여 줘야 한다. ESG DX(Digital Transformation)의 역할은 ESG의 비재무적 요소를 디지털 처리 해서 데이터화하여 분석하는 것이다.[25)]

25) 김재필(2023), 『ESG 혁명이 온다』, 294p, 한스미디어.

4) 탄소 중립

(1) 탄소 중립 개요

1850년대에 시작된 산업혁명의 영향으로 증가된 화석 연료(석탄, 석유, 가스) 사용은 온실가스 발생량을 크게 증가시켰다. 2015년 196개국이 서명한 파리협정의 '지구 온난화 1.5°C 보고서'에 의하면 2050년까지 탄소 배출량이 제로가 되어야 지구 평균온도 상승을 1.5°C 이하로 유지할 수 있다. 평균 온도 상승이 1.5°C를 넘어서면 해수면이 증가하고, 생물다양성 붕괴와 생태계 파괴, 세계 경제 성장에도 위협이 된다. 이를 알기 쉽게 이해하기 위해 욕조에 물 받는 것을 예로 들 수 있다. 욕조에 수도꼭지를 틀어 놓으면 조만간 욕조는 물로 가득 찰 것이고, 곧 흘러넘쳐 욕실 바닥은 물로 가득 찰 것이다. 지구대기가 탄소 배출로 차오르다가 일정 수준을 넘으면 지구는 인간이 살 수 없는 곳으로 변한다. 탄소를 제거하지 않고 방치하면 지구 온도는 온실 효과로 서서히 올라가다가 언젠가 재앙으로 인류를 덮친다.

'1.5℃ 기준점'은 전 세계 평균 기온이 산업화가 시작되고 화석 연료 배출량이 증가하기 시작한 19세기 후반에 비해 1.5℃ 더 올라갔다는 의미다. '1.5℃ 기준점'은 세계 기후 대회의 상징이 됐다.

해당 기준점을 초과할 경우, 홍수, 한파, 폭염, 태풍, 산불 등의 기후 재앙으로 인한 큰 피해를 입게 된다. 오늘날 매년 약 510억 톤의 온실가스가 대기권에 배출된다. 배출된 온실가스는 대기권에 머물며 지구를 담요처럼 둘러싼다. 태양열은 지구 표면에 닿으면 일부는 흡수되고, 나머지는 복사열이 되어 우주로 나간다. 그런데 지구 대기권을 감싸고 있는 온실가스로 인해 복사열이 지구에 갇히게 되는데, 이를 온실 효과라 한다. 그 결과, 지구의 온도를 높이게 되었다. 온실가스의 증가로 대기에 생긴 막이 지구를 계속 뜨겁게 만든다. 햇볕이 잘 드는 장소에 차를 주차해 본 사람은 온실 효과를 간접적으로 경험하게 된다. 자동차 앞 유리로 들어온 햇볕은 외부로 일부 빠져나가지만 나머지는 자동차 안에 갇히게 되어 자동차 실내 온도가 급격히 상승하는 것을 체험한다. 근대산업화를 이끈 화석 연료 사용으로 인해 지구 기후가 불안정해지고, 바다가 산성화된다. 해수면은 올라가며 수십만 명의 사람들이 목숨을 잃게 될 것이다. 기후 변화를 그대로 두면 GDP는 크게 떨어질 것이고, 수백만 명의 사람들이 먹을 것을 찾아 이주해야 할 것이다. 지구 온난화를 멈추고 기후 변화가 가져올 최악의 상황을 피하기 위해 인류가 지향해야 할 목표는 온실가스 배출을 멈추는 것, 즉 넷제로(Net zero)이다. 탄소 중립(carbon neutral) 정책은 온실가스 배출량과 흡수량을 같게 만들어 온실가스가 배출되지 않는 상태를 유지함으로써 순배출량이 제로가 되는 것을 의미한다. 온실가스의 주범인 이산화탄소는 기업에게 돈이나 다름없다.

넷제로 2050 계획은 전 지구적으로 탄소 배출량을 2050년까지 제로로 만드는 것이다. 그러나 이에 대해 개발도상국들의 불만은 크다. 지구 온난화는 전적으로 선진국들이 산업화 시기에 아무 제약 없이 화석 연료를 사용한 대가인데, 지금부터 화석 연료 사용을 제한하는 것은 개발도상국이 선진국을 따라오지 못하도록 하는 소위 사다리 걷어차기(Kicking away the Ladder)라고 비판하고 있다.

인류가 탄소 배출량을 급격히 줄이는 데 성공한다면 지구 온난화 가속은 멈출 것이다. 지구 온도 측정이 시작된 1850년부터 산업화가 본격적으로 시작된 1900년까지를 산업화 이전 시기로 본다. 1900년의 지구 온도를 제로로 본다면 2022년의 지구 평균 온도는 1°C를 넘어서서 1.5°C에 근접해 있다.

넷제로 달성을 위해 전 세계 기업들이 노력을 경주하고 있다. 그중에서 탄소 포집(capturing carbon) 기술은 매우 중요하다. 탄소 포집에는 두 가지가 있는데, 첫째, 화석 연료 공장에 특수 장치를 설치해 이산화탄소를 흡수하는 것으로, 포인트 캡처(point capture)라고 한다.

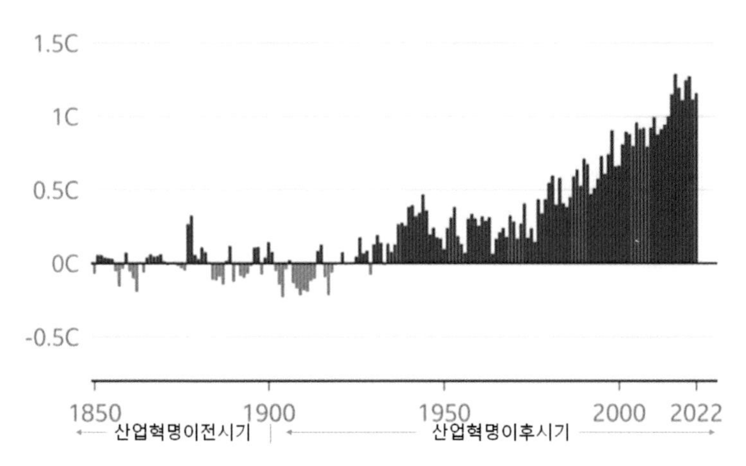

자료 : met office, BBC에서 저자 재구성

화석 연료 공장에서 탄소가 배출된 직후에는 탄소 농도가 높아서 포집 효과가 매우 높다. 하지만 설치 비용이 많이 드는 단점이 있다. 둘째, 직접 공기 포집으로 장소에 구애받지 않고, 어디서든 할 수 있으므로 포인트 캡처 기술보다 유연하다. 그러나 대기권에서는 탄소 농도가 낮으므로 포집 효과가 낮다.[26)]

그 밖에 대기로 방출되는 온실가스를 포집하여 바다 밑 바위 암반에 구멍을 뚫어 저장하는 탄소 포집 기술과 많은 나무를 심어 탄소를 흡수하는 방법 등에 의해 넷제로를 달성할 수 있다. 영국 에너지 회사인 드락스는 바이오맥스를 이용한 이산화

26) 빌 게이츠(2021), 『빌 게이츠, 기후 재앙을 피하는 법』, 137-139p, 김영사.

탄소 포집(Capture)과 저장(store) 기술로 2030년까지 이산화탄소 순배출량을 제로에서 더 나아가 마이너스로 만들겠다는 탄소 네거티브(Carbon Negative) 계획을 발표했다.

지구온도 1.5도와 2도 상승시 영향

구분	2도	1.5도
기온	-중위도 폭염시 4.5도 상승 -고위도 혹한시 6도 상승	-중위도 폭염시 3도 상승 -고위도 혹한시 4.5도 상승
해수면	0.3~0.93m 상승	0.26~0.77m 상승
북극해 해빙	10년에 한번 여름철 북극해 해빙(海氷) 모두 녹음	100년에 한번 여름철 북극해 해빙(海氷) 모두 녹음
산호초	완전 소멸	70~90% 소멸 물부족현상
생물종 (10만5,000종)	곤충 18%, 식물 16%, 척추동물 8% 서식지 절반 사라짐	곤충 6%, 식물 8%, 척추동물 4% 서식지 절반 사라짐

자료 : IPCC 지구온난화 1.5도 특별보고성에서 저자 재구성

'네이처지'는 온난화로 인해 남극 빙하가 녹으면 해수면의 상승으로 미국 뉴욕시가 물에 잠그는 재앙이 발생할 것이며, 그 책임은 현세대가 져야 할 것이라고 발표했다. 지구 표면 온도 1.5도 상승으로 산호초의 70-90%가 소멸되고, 동식물의 서식지가 사라짐으로써 곤충과 식물, 척추동물이 사라지게 된다. 혹한과 폭염이 인류를 강타하고 북극해 빙하가 소멸되는 재앙이 닥치게 된다.

탄소 배출을 새로운 사업 기회로 만든 기업이 있다. 유럽의 스타트업클라임웍스와 카브픽스는 이산화탄소 포집, 저장 공장을 만들어 이산화탄소를 돌로 만드는 프로젝트를 준비 중이다.

대형 흡입기로 공기를 빨아들이고, 특소 소재의 필터로 이산화탄소만 골라내 땅속 깊은 곳에 자리한 현무암 지층에 고압으로 주입한다. 지열 에너지로 진행되기 때문에 공장 운영 과정에서 발생하는 이산화탄소량은 제로이다. 또한 화력발전소나 석유 화학 공장에서 배출되는 온실가스를 산업적인 용도로 직접 이용하거나 고부가가치 제품으로 전환하여 활용하는 기술도 넷제로에 유용하다.

· 온실가스 배출량 산정하는 방법

온실가스 배출량을 산정하는 방법은 측정(measurement)이 아니라 계산(calculation)이다. 대개 오염 물질 배출량을 구한다고 하면 굴뚝이나 배출구에 측정 장치를 부착하여 측정할 것으로 생각하나 에너지 사용량에 배출 계수(EF, Emission Factor)를 곱하는 방식으로 계산한다. 온실가스 배출량은 왜 측정하지 않고 계산하는 것인가. 에너지 사용량과 온실가스 배출량은 정확히 비례하기 때문에 공장이나 시설을 찾아다니면서 배출량을 측정하지 않고 에너지 사용량과 배출 계수로 계산하는 것이 훨씬 효율적이고 정확하다. 예를 들어 개별 자동차 정기 검사 때는 배기관에 측정 장치를 삽입해 일산화탄소 배출량을 측정하는 것이 타당하지만, 모든 공장과 생산 공정 장치에 측정 장치를 부착해 탄소 배출을 측정하는 것은 비효율적이고 정확하지 않다. 온실가스를 발생시키는 시설이나 장비가 워낙 많고 우리가 일상생활에서 에너지를 사용하는 모든 곳에서도 온실가스가 발생한다. 자동차, 보일러, 가스레인지 등 모든 일상 제품에 측정 장치를 부착한다면 엄청난 사회적 비용이 발생할 것이다.[27)]

· 우리나라의 탄소 중립이 다른 나라에 비해 어려운 이유

우리나라는 중화학 공업 육성을 통해 경제 발전을 이루었고, 현재도 제조업 비중이 높다. 특히 철강, 석유화학 등 에너지 다소비 업종이자 온실가스 감축이 어려운 산업 비중이 높아 주요 선진국보다 탄소 중립이 어려운 과제이다. 또한 에너지 수입 의존도는 94.8%로, 사실상 해외로부터 화석 연료 수입에 거의 모든 에너지원이 의존하고 있다. 에너지 수입 의존도는 한 국가가 필요한 에너지 공급량에 대한 외부 에너지 수입량 비율로 계산되며, 국가의 에너지 자립도와 안정성을 파악하는 데 사용된다.

탄소가격제도에는 탄소세와 배출권거래제, 탄소국경세(탄소국경조정제도(CBAM))가 있다. 탄소가격제 중 중요한 두 가지는 탄소세(carbon tax)와 배출권거래제(ETS: Emission Trading Scheme)이다. 지구를 오염시킨 자가 비용을 지불(polluter pays)한다는 원칙에 따라 탄소 발생을 줄이는 것을 목적으로 탄소세와 배출권거래제가 시행되고 있다. 탄소 발생을 줄이는 금전적 인센티브를 통해 환경 오염을 억제하고, 청정 기술 투자를 유도하는 효과가 있다. 기업은 지금까지 사회적 비용을 크게 발생시키는 온실가스를 비용 지불 없이 과다하게 배출해 왔다. 탄소세는 정

---

27) 김태한 외(2022), 『100대 기업 ESG 담당자가 가장 자주 하는 질문』, 154-155p, 세이코리아.

탄소가격제도의 종류와 내용

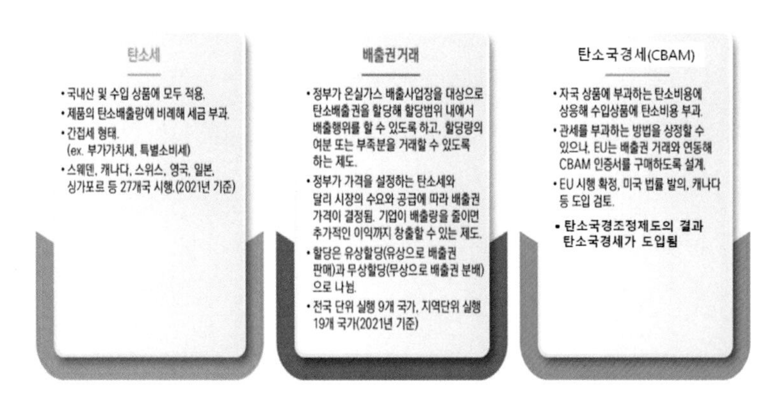

부가 세금을 정하기 때문에 세금을 걷는 입장에선 편리하지만 세금 부담이 커지고, 그로 인해 생산 활동이 위축될 수 있다. 탄소세는 이런 점 때문에 조세 저항을 필수적으로 고려해야 한다. 탄소세는 화석 에너지 사용에 따른 온실가스 배출 단위당 직접 세금을 부과하는 것이다. 국내 기업에 탄소세가 도입된다면 국내 모든 기업에 영향을 주는 국세가 될 것이다.

탄소배출권거래제(ETS: Emission Trading System)는 탄소세와 비슷한 취지로 도입된 제도이다. 모든 기업에 일정한 탄소 배출량을 할당하고, 할당량보다 더 많이 배출한 기업은 탄소배출권 시장에서 그 부족분을 할당량보다 적게 배출한 기업으로부터 구매해서 할당량을 맞추게 하는 제도이다.

예를 들어, 가정에서 쓰레기를 배출할 때 배출되는 쓰레기 양이 적을 경우, 남는 쓰레기봉투는 다음 사용 시 사용하거나 되팔 수 있다. 배출되는 쓰레기 양이 예상보다 많은 경우 쓰레기 봉투를 추가로 구매해야 하는 것과 같은 이치다. 쓰레기 종량봉투 가격이 오르면 가정에서 쓰레기를 줄이려고 노력하는 것처럼 배출권거래 가격이 오르면 기업들은 비용을 줄이기 위해 탄소 배출량을 줄이려고 힘쓸 것이다. 이와 같이 탄소 배출량은 기업의 수익과 직결된다. 온실가스 할당 배출량을 줄인 기업은 계속 더 많이 탄소 배출을 줄여 이익 증대를 꾀하려 할 것이다. 반면, 부족배출권을 구매해야 하는 기업은 탄소 배출을 줄여서 비용 지출을 줄이려는 노력을 할 것이다. 결국 모든 기업이 탄소 배출을 줄이도록 하는 동기 부여가 되는 제도이다.

정부는 온실가스를 배출하는 사업장에 적용하는 탄소 배출 무상 할당량을 대폭 감소했다. 이에 따라 이전보다 더 많은 탄소배출권을 구입해야 하므로 기업의 재무 부담이 커지고, 기업 실적에 악영향을 미치게 되었다. 국내에서 온실가스를 가장 많이 배출하는 기업 순위는 포스코, 현대제철, 삼성전자 등이다. 각 기업에게 배정된 탄소 할당량을 넘기면 시장에서 탄소배출권을 사 와야 한다. 이 구입 비용이 재무제표상 온실가스 배출 부채로 반영된다. 즉, 탄소 할당액보다 탄소를 많이 배출하면 갚아야 할 배출 부채로 기록된다. 반대로, 할당량보다 적게 배출하면 배출권 여분은 재무제표에 팔 수 있는 배출권 자산으로 회계 처리 된다.

이와 같이 바야흐로 탄소비즈니스시대가 도래했다. 탄소 중립에 대한 대비책이 없으면 기업의 생존은 위협받는다. 탄소 때문에 1년의 영업 이익이 날아갈 수도 있다. 철강, 시멘트, 석유

화학 등 에너지 집약 업종 기업은 비상이 걸렸다. 반면, 탄소 거래로 기업가치가 고공 행진하는 기업도 있다. 바로 전기차로 유명한 테슬라다. 테슬라는 2021년 1분기 순이익이 4,950억 원으로, 사상 최대치를 기록했다. 이는 탄소배출을 하지 않는 테슬라가 탄소배출권 판매로 챙긴 금액이 5,850억 원에 달했기 때문이다.[28)]

탄소국경세(탄소국경조정제도, CBAM: Carbon Border Adjustment Mechanism)는 철강, 시멘트, 전기, 비료, 알루미늄, 세라믹, 수소 등 탄소 배출이 많은 업종의 제품을 유럽연합(EU)에 수출하는 경우, 제품 생산 과정에서 발생한 초과 탄소 배출량만큼 비용을 부담하게 하는 일종의 무역 관세이다. 시행 과정을 보면 우선 국내 기업이 EU에 수출할 때 의무적으로 제품의 탄소 배출량을 보고하도록 한다. 이를 EU국가에서 생산하는 제품의 탄소 배출량과 비교하여 수출 품목의 탄소 배출량이 EU 국가의 탄소 배출량보다 클 경우, 차이분만큼 CBAM인증서를 구매하도록 한다. 결국 EU에서 생산된 제품과 비슷한 수준의 탄소 배출을 유도해 전 세계의 탄소 배출량 감소로 이어지도록 한다.

이러한 탄소국경조정제도는 탄소 누출(Carbon Leakage) 문제를 해결하기 위한 제도이다. 탄소 누출이란 온실가스 배출이 느슨한 기후 정책을 가진 국가로 기업을 이전하여 엄격한 기후 정책을 갖춘 국가의 노력을 무효화하는 현상이다. 이전해 봤자 수출하기 위해서는 CBAM을 구매해야 하기 때문에 탄소 누출이 저지된다.

---

28) 김재필(2022), 『ESG 혁명이 온다 2』, 257p, 한스미디어.

· 온실가스 투자와 투자 손익 분석

동일하게 10만 톤의 온실가스를 배출하는 기업 A와 B가 있다. A 기업은 온실가스 감축을 위해 10억 원을 투자해 온실가스 5만 톤을 줄였고, B 기업은 감축에 투자하지 않았다. 온실가스에 대한 감축 의무 및 거래 가격이 없는 상황 1의 경우, A 기업은 감축에 투자한 10억 원이 모두 손실이 되고, B 기업은 투자 손실이 하나도 없다. 반면 상황 2는 3만 톤을 의무적으로 감축해야 하고, 온실가스 가격이 톤당 5만 원으로 책정된다면 A 기업은 온실가스 감축량 5만 톤에 대한 25억 원의 이익(5만 톤×5만 원)을 얻게 되어 감축투자금 10억 원을 차감하면 15억 원의 투자 이익을 얻게 된다. 반면, B 기업은 감축 의무 미이행에 따

온실가스 투자와 투자손익

		기업A	기업B
온실가스배출량		10만톤	10만톤
온실가스감축 장려금		10억원	0원
온실가스감축량		5만톤	0톤
상황1	온실가스가격	0원	
	감축의무	없음	없음
	투자손익	-10억원	-
상황2	온실가스가격	5만원/톤	
	감축의무	3만톤 감축	3만톤 감축
	투자손익	+15억원	-15억원

른 패널티 15억 원(3만 톤×5만 원)의 손실을 보게 된다. 결국 ESG를 위해 온실가스 감축 시설에 투자한 A 기업이 초기에는 손실이 나는 것 같았지만 종국에는 15억 원의 이익을 얻게 되었고, B 기업은 온실가스 감축을 하지 않은 대가로 15억 원의 손실을 보게 되었다.[29]

화석 연료의 배출로 산업화 이후 매년 대기로 올려 보낸 온실가스는 히로시마 원자 폭탄 다섯 개 수준의 에너지를 대기에 가두는 효과가 있다고 한다. 1998년 이후 지구 대기에 쌓인 에너지는 30억 개 원자 폭탄량에 해당한다. 몸의 체온이 38도 이상으로 오르면 질병에 걸리는 신호로 감지되는 것처럼, 지구도 탄소 배출로 인해 지구 온도가 상승하면 지구가 병든다. 지구 평균 온도가 산업화 이전보다 1.5도 높아지면 폭염, 가뭄, 산불 등 기후 변화가 빈번하게 일어난다. 그리고 해수면 상승, 빙하 유실 등도 동반한다.

EU, 미국, 한국의 매년 탄소 감축 비율 계획치를 보면 각각 1.7%, 2.2%, 3.1%이다. EU가 1990년에 가장 먼저 감축 계획을 발표하고 시행하고 있다. 2005년과 2018년을 지나면서 EU의 실제 탄소 감축치와 계획치를 비교하면 계획치에 못 미치고 있다. 미국도 마찬가지다. 미국은 2005년에 100을 기준으로 매년 2.2%를 감축하겠다고 계획했지만 13년이 지난 2018년 감축 현황을 보면 계획치에 훨씬 못 미치고 있다.

29) 김태한 외(2022), 『100대 기업 ESG 담당자가 가장 자주 하는 질문』, 36p, 세이코리아.

EU·미국·한국의 탄소배출 감축 추이

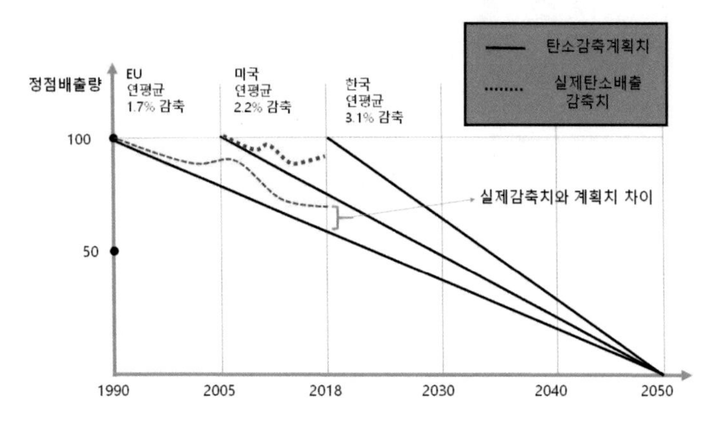

출처 : 매경Economy 2021.09.06. 에서 저자 수정

탄소 감축 계획에 후발 주자로 참여한 한국의 탄소 감축 계획은 연평균 3.1%이다. 한국은 2018년을 기준점으로 한다면 2050년까지 연평균 3.1%를 감축해야 탄소 중립에 도달되게 된다. 탄소 감축 기술과 경험이 부족한 한국이 EU나 미국보다 훨씬 큰 감축 계획치를 제시하고 있다. 과연 2050년에 넷제로 목표를 이룰 수 있을지 미지수다.

유럽연합(EU)과 미국은 우리보다 오래전부터 탄소배출 감축에 뛰어들었지만 탄소 중립을 달성할 목표 시점은 2050년으로 동일하게 설정하고 있다. EU, 미국, 한국이 100미터 달리기 시합을 하는데, 한국보다 탄소 기술과 경험이 앞선 EU와 미국을 10미터 앞에서 출발시키는 것과 같은 이치다.

코카콜라 1병을 생산하는 데 물 2.7리터가 사용된다. 인도의 한 마을에 코카콜라 공장을 세우자 마을 전체 우물이 말라 버렸다. 코카콜라 불매 운동이 일어나자 회사는 제품 생산에 사용되는 물의 양을 줄이는 운동, 즉 물 발자국을 줄이는 목표를 세웠다. 결국 회수된 병을 세척하는 과정에서 물 대신 에어 린서(air rinser)를 도입하여 1병당 물 사용량을 1.92리터로 줄였다.

MS(마이크로소프트)는 탄소 네거티브 전략으로 탄소 저감 모범 사례로 꼽힌다. 기업 운영 과정에서 생긴 탄소 배출량보다 더 많은 탄소를 대기 중에서 없앤다는 목표다. 탄소 배출량만큼 탄소를 흡수해 순 배출량을 제로로 만드는 탄소 중립보다 더 적극적인 전략이다. 세계 각지 데이터센터와 건물에 쓰이는 에너지와 전력을 100% 재생에너지로 전환하고 세계 각지에 산림을 조성해 숲의 탄소 흡수량으로 기업 탄소 배출량을 상쇄했다. 또한 대형 필터와 팬을 활용해 대기 중 이산화탄소를 포집하고, 이를 땅속에 저장하는 사업을 시행하고, 출장 회의는 화상 회의로 대체했다. 내부탄소세를 도입하여 Scope 1, 2에 해당하는 직원들의 출장이나 전기 사용에 대해 톤당 15달러, Scope 3에 대해서는 톤당 5달러를 부과했다.

온실가스를 많이 배출하는 기후 악당을 유형 자산과 무형 자산으로 구분하면 유형 자산 업종으로는 제품 생산에 많은 에너지가 소요되는 철강, 석유화학, 반도체, 디스플레이 등이 이에 해당된다. 또한 하늘 위의 기후 악당으로 불리는 항공사는 자동차나 버스, 기차보다 탄소 배출량이 2배가량 많다. 최근 국제항공운송협회(IATA)는 항공사들이 2050년까지 일반 항공유보다 탄소 배출량을 80%까지 감축할 수 있는 지속가능항공유(SAF: Sustainable Aviation Fuel)를 사용하도록 규제를 강화하고 있다.

SAF는 석유, 석탄, 천연가스가 아닌 동식물성 기름 등 바이오연료를 사용해 생산되는 항공유이다. 기존 연료보다 3배 이상 비싼 항공유이지만 EU는 2025년부터 유럽연합에서 이륙하는 모든 비행기에 SAF 사용을 의무화했다.

무형자산으로는 수많은 서버로 구성된 데이터센터를 가지고 있는 정보 기술(IT: Information Technology) 기업은 전기 먹는 하마로 불릴 만큼 많은 전력이 소모된다. 이로 인해 배출하는 온실가스량은 엄청나다. 특히 인공지능(AI)는 탄소 배출의 주범이다. 수많은 반복 연산을 통해 수행하는 그래픽처리장치(CPU)는 많은 전력을 필요로 한다. Chat-GPT는 약 5,000억 개의 단어 데이터셋을 읽어 들인다. 이로 인한 에너지 사용량과 탄소 배출량은 천문학적 숫자이다. 한편 AI가 오히려 탄소 배출량 감축에 기여한다는 주장도 나온다. 예를 들어 AI로봇엔진이 건물 실내 온도를 스스로 조절하게 되면 불필요한 에너지 절감 효과가 커진다. 포스코는 많은 탄소를 배출할 수밖에 없는 철강업 특성을 고려하여 아시아 철강사 최초로 2050년 탄소 중립을 선언했다. 탄소 중립이 철강업계를 둘러싼 산업 생태계 차원의 문제임을 인정하고 철강협회와 정부 등 범국가 차원의 협력 체계를 구축하여 수소환원제철, 탄소포집활용저장(CCUS) 등의 혁신 기술을 개발하고, 산업 전반에 적용될 수 있도록 노력을 강구하고 있다.[30)]

30) 유창조(2022), 『참여와 협력의 ESG 모델』, 208-209p, 동국대학교출판부.

(2) 탄소 발자국

해변을 걸으면 모래사장에 발자국이 남는 것처럼, 인간은 모든 활동 과정에서 이산화탄소를 발생시킨다는 것을 비유적으로 표현한 것이 탄소 발자국(Carbon footprint)이다. 탄소 발자국은 개인 또는 기업이 발생시키는 각종 온실가스 가운데 이산화탄소 총량을 의미한다. 표시 단위는 킬로그램 또는 우리가 심어야 하는 나무 수로 나타낸다. 탄소 발자국은 기업이 제품이나 서비스를 생산하기 위해 원자재 구입, 제조, 유통, 판매, 폐기 등 전 과정에서 발생하는 이산화탄소 배출량으로 환산해서 구한다. 이산화탄소를 줄이기 위해서 탄소 발자국을 관리하는 것이 매우 중요하다. 메탄, 아산화질소 등 여섯 가지 온실가스는 정량화가 어렵고, 이산화탄소가 온실가스의 대부분을 차지하므로 이산화탄소만을 측정하여 탄소 발자국을 계산한다.

일상생활에서 발생하는 탄소 발자국도 계산할 수 있다. 예를 들어, 가정에서 매달 전기를 350kWh 사용한다고 가정하면 전기 소비로 인해 발생하는 이산화탄소 발생량은 년당 163.2kg이다. 즉, 한 해 동안 사용한 전기로 인해 발생한 탄소 발자국은 163.2kg이다.

대기 속의 이산화탄소를 줄이는 가장 자연스러운 방법은 식물의 광합성을 이용하는 것이다. 나무는 이산화탄소를 흡수하고 산소를 배출한다. 따라서 탄소를 흡수하는 나무의 광합성 원리를 이용하여 탄소 발자국을 줄일 수 있다. 30년생 소나무가 1년간 흡수하는 탄소량은 6.6kg라는 연구가 있다. 그러므로

1년 동안 전기 사용에 의해 발생한 탄소량 163.2kg을 1년간 소나무 한 그루가 흡수하는 탄소량 6.6kg으로 나누면 전기 사용에 의해 발생한 탄소를 없애기 위해 필요한 소나무 그루 수는 163.2kg/6.6kg로, 24.7그루이다.[31)]

탄소 발자국의 부작용으로, 첫째, 파리협정에서 다루지 않는 탄소 누출 우려가 있다. 탄소 누출은 부유한 국가가 개도국에 생산을 아웃소싱(outsourcing) 할 때 발생한다. 예를 들면, 나이키는 세계 최대의 스포츠화 회사지만 정작 미국 본사에는 신발 공장이 없다. 제품 전량을 인건비가 저렴한 아시아의 현지 국가에서 생산하고 있다. 나이키의 아웃소싱 전략은 대표적 노동집약적 제품인 운동화 시장을 미국 회사가 어떻게 석권하는지를 설명해 주고 있다. 나이키 회사는 개발도상국으로, 공장을 이전함으로써 온실가스 배출량을 획기적으로 감소했다. 이 경우 탄소 배출을 개도국으로 전가시키는 소위 탄소 누출 문제가 발생한다.

둘째, 원래 탄소 발자국 개념은 기업과 국가가 화석 연료 사용을 줄이고 환경 영향을 개선하려는 목적이었다. 그런데 영국 최대의 석유 회사 BP는 2005년 개인 탄소 발자국에 대한 광고 캠페인을 통해 탄소 발자국을 대중화하는 데 큰 역할을 했다. 인류의 재앙으로 다가온 환경 문제에 대한 개개인의 경각심을 고취시키는 데 크게 기여했다. 그러나 식사 한 끼나 개인의 라이프 스타일까지 탄소 배출을 고려하도록 함으로써 탄소 배출 문제의 책임을 개인에게 전가시키는 의도라고 비판받는다.

31) 이상훈, 우리문화신문, 2024.08

셋째, 탄소 발자국에 치중하다 보면 다른 중요 환경 문제를 무시하거나 악화시킬 수 있다. 예를 들어, 해상 풍력 발전 단지를 조성할 때 해양 생태계에 의도하지 않은 부정적 영향을 미칠 수 있다. 여기에는 생물다양성 감소, 생태계 및 서식지 파괴가 포함된다. 오로지 탄소 발자국과 같은 단일 지표로 환경 문제를 해결할 수 있다는 오해를 가질 수 있다.

산업별 온실가스 배출량 순위를 보면 발전 분야가 37.3%로서 1위이고, 철강, 석유화학, 시멘트 순이다. 전기를 사용하지 않는 산업 분야가 없기 때문에 국내기업 중 한전이 탄소 배출량 기여도에서 단연 톱이다.

산업별 온실가스 배출비중

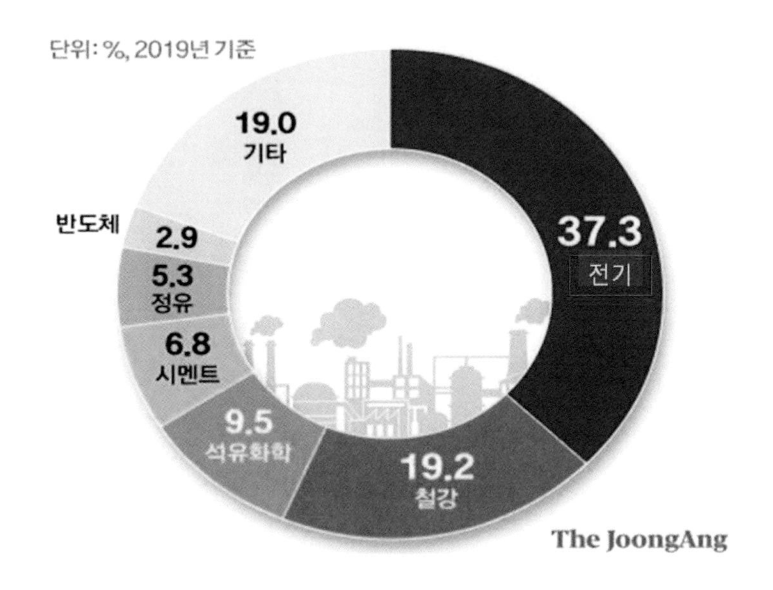

자료 : 환경부에서 저자 재구성

전기 가격이 저렴한 이유는 화석 연료가 싸기 때문이다. 전기를 생산하기 위해 화석 연료를 태움으로써 탄소 배출이 크게 증가된다. 화석 연료는 수백만 년 전의 동식물 유해가 땅속에 묻혀 있다가 석유, 석탄 또는 천연가스 등의 에너지로 변환된 것이다. 이런 연료에서 발생하는 탄소는 대기권에 올라가 탄소 총량을 증가시킨다.[32]

전기차나 수소차의 경우, 직접적인 온실가스 배출은 없지만 전기와 수소를 생산하는 과정에서 온실가스가 배출된다.

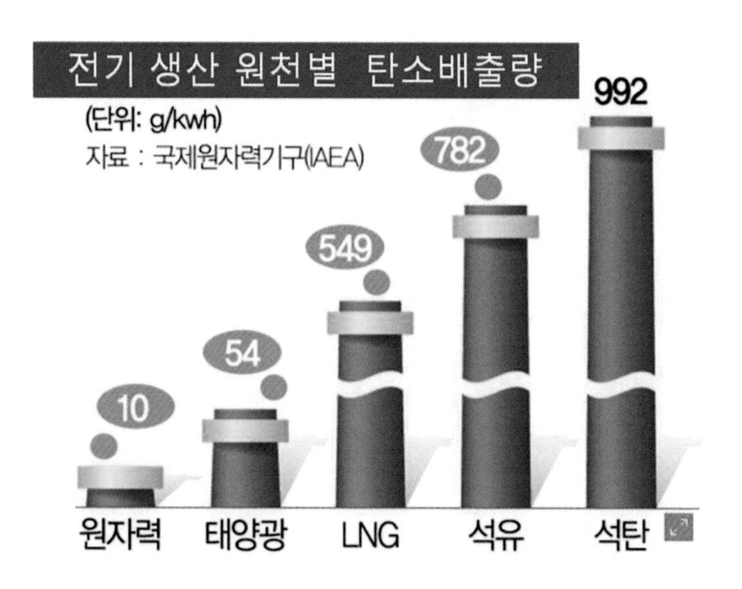

출처 : 탄소중립에 가장 적합한 발전원은 서울경제, 2020. 에서 저자 재구성

32) 빌 게이츠(2021), 『빌 게이츠, 기후 재앙을 피하는 법』, 137-139p, 김영사.

전기가 없이는 어떤 산업도 가동될 수 없는 상황에서 전기를 생산하기 위해 물을 끓여야 하는데, 이때 사용되는 원료에는 원자력, 태양광, LNG(천연가스), 석유, 석탄 등이 있다. 이 중에서 이산화탄소 배출량이 가장 적은 발전원은 원자력이다. 태양광 발전은 원자력에 비해 5배의 탄소 배출을 가져온다. 세 가지 화석 연료는 원자력에 비해 무려 54배에서 100배의 탄소를 배출한다. 이와 같이 탄소 중립 정책에 가장 적합한 발전원은 원자력이다. 하지만 원자력에너지 사용 후 인체 및 환경에 심각한 위해를 끼칠 수 있는 방사선 핵폐기물의 관리 문제와 후쿠시마 원전 사고, 체르노빌 원전 사고 등에서 보는 바와 같이 지진, 쓰나미와 같은 자연재해가 발생하는 경우 안전성이 확보되지 못하는 점이 가장 큰 단점으로 지적되고 있다.

(3) 인벤토리 구축

인벤토리(Inventory)란 온실가스가 발생한 원천별로 배출 목록을 작성하여 데이터를 구축해 놓은 것을 말한다. 국제적으로 인정되는 온실가스 배출량 산정과 보고에 관한 기준은 1998년 발족된 GHG(Greenhouse Gas) 프로토콜 이니셔티브이다. 온실가스 프로토콜은 탄소 발자국을 계산하기 위해 탄소 배출을 추적하기 위한 표준화된 규칙 체계이다. 가치 사슬 내에서 기업이 탄소를 배출하는 영역은 크게 세 가지로 구분된다. 스코프 1, 스코프 2, 스코프 3이다. 스코프 1은 기업의 직접적인 활동 결과로 방출되는 탄소로서 화석 연료 연소와 화학 공정, 보일러 등이 대표적 사례이다. 스코프 2는 기업에서 간접적으로 방출되는 탄소이다. 기업이 외부에서 에너지를 구매하여 사용하는 전기, 스팀, 냉난방 또는 증기와 같은 동력으로 제품을 생산하는 과정에서 배출되는 탄소이다. 마지막으로 스코프 3은 기업이 원자재 등을 사들이는 과정, 즉 수송, 유통, 기계 구입, 폐기물, 판매 제품의 가공 등에서 배출되는 탄소이다. 또한 임대사업, 프랜차이즈에서 발생하는 탄소도 포함된다. 프랜차이즈는 본사가 가맹점 사업자에게 브랜드 이미지 및 경영 노하우를 제공하고, 일정한 품질 기준과 영업 방식에 따라 상품과 서비스를 판매하도록 하는 대신 가맹점은 본사에 수수료를 내는 사업 형태이다. 이러한 프랜차이즈 사업에서 배출되는 탄소량은 스코프 3에 해당된다.

Scope 배출정의

	Scope 1 (직접 배출)	Scope 2 (간접 배출)	Scope 3 (기타 간접 배출)
정의	회사가 소유하거나 통제하는 원천으로 인한 배출	회사가 구매한 전기, 에너지 등을 생성할 때 발생한 배출	회사의 가치사슬에서 발생하는 모든 기타 배출
예시	회사의 연료 사용으로 인한 배출	건물 냉난방을 위해 구매한 전기	공급 업체, 회사 제품의 사용 및 폐기
보고 의무	있음	있음	단계적 의무화 논의

Scope1은 기업의 고정설비가동에 필요한 화석연료사용에서 발생하는 온실가스이다 Scope2는 한전 도시가스 등 에너지 공급원으로부터 구매하여 사용하는 연료에서 발생하는 온실가스를 의미한다. Scope 3는 임대자산, 프렌차이즈 등 기업의 밸류라인(Value line : 가치사슬) 전반에서 발생하는 온실가스 배출량 까지 포함한다. Scope3는 탄소배출량의 70%이상을 차지하고있다. 미국의 경우 스탠다드앤푸어사(S&P)500에 속하는 기업 대부분이 Scope3를 보고해야 한다. 우리나라는 Scope 3 공시의무를 논의하고 있는 과정에 있다.

그리고 해외 출장이나 출퇴근을 할 때 배출되는 탄소도 해당된다. 스코프 3은 업스트림(upstream)과 다운스트림(downstream)으로 구분된다. 업스트림은 제품 생산에 필요한 원자재와 부품을 확보하고 이동시키는 것을 의미한다. 다운스트림은 만들어진 제품을 시장에 내놓기 위한 공급망과 임대 자산, 프랜차이즈를 포함한다.

스코프3 정의 및 내용
Upstream & Downstream

Scope 3	조직의 가치사슬에서 발생하는 통제권 외의 배출량 중 Scope 2를 제외한 배출량	
	Upstream Category	
	1. 제품·서비스 구매	5. 운영과정에서 발생한 폐기물
	2. 자본재	6. 출장
	3. 에너지·연료 관련 활동	7. 직원 통근
	4. 원자재 공급자 등의 운송·유통	8. 임차자산
	Downstream Category	
	9. 소비자 등에게 운송·유통	13. 임대자산
	10. 판매제품의 가공	14. 프랜차이즈
	11. 판매제품의 사용	15. 투자
	12. 판매제품의 폐기	

Scope3는 상류흐름(Upstream)과 하류흐름(Downstream)으로 구분된다. 기업이 생산한 제품과 서비스를 기준으로 상류와 하류를 나눈다. 원재료를 구매하여 가공생산할 때 까지 발생하는 온실가스배출은 상류흐름에 속한다. 하류흐름은 기업이 판매한 제품 및 서비스와 관련한 온실가스배출을 말한다.

스코프 1과 스코프 2는 기업 통제를 받기 때문에 이해가 되지만, 스코프 3은 협력 업체와 물류, 제품의 사용과 폐기 과정에서 발생하는 외부 탄소 배출이므로 기업의 통제를 받지 않는다. 따라서 측정하고 관리하기가 쉽지 않다. 기업에 대한 환경영향과 평판 위험의 대부분은 광범위한 업스트림 공급망에서 배출되는 온실가스와 연관되어 있다.

애플의 스코프 1, 2, 3단계에 따른 탄소 배출량을 보면 스코프 1과 2에서 배출되는 탄소량 55,200톤과 2,780톤은 둘 다 합

해도 스코프 3에서 방출되는 탄소량, 23,130,000톤의 0.25%에 불과하다.

이를 통해 유추해 볼 때, 기업이 배출하는 스코프 3단계의 탄소를 관리하고 통제하지 못한다면 탄소 정책에 차질이 올 것이다. 기업의 생산 단계에서 발생하는 탄소와 매장 내 전력 사용 등으로 배출되는 탄소량은 미미하다. 대부분의 탄소는 제품의 운송, 판매, 사용, 폐기 과정과 프랜차이즈 매장, 직영 매장 등과 임대 자산에서 발생한다.

애플 '스코프1 2 3' 탄소배출량 측정 현황

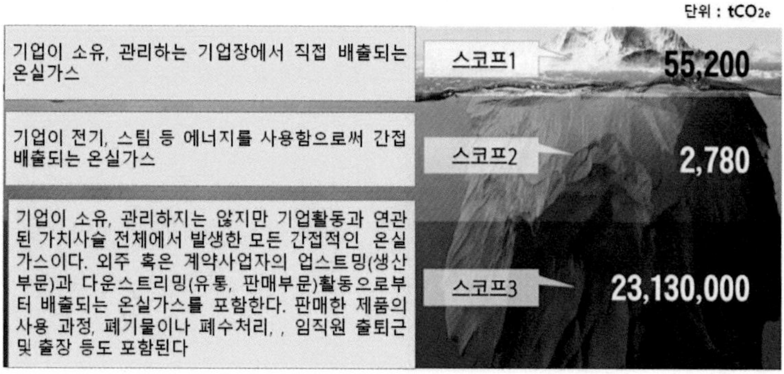

단위 : tCO_{2e}

설명	구분	배출량
기업이 소유, 관리하는 기업장에서 직접 배출되는 온실가스	스코프1	55,200
기업이 전기, 스팀 등 에너지를 사용함으로써 간접 배출되는 온실가스	스코프2	2,780
기업이 소유, 관리하지는 않지만 기업활동과 연관된 가치사슬 전체에서 발생한 모든 간접적인 온실가스이다. 외주 혹은 계약사업자의 업스트밍(생산부문)과 다운스트리밍(유통, 판매부문)활동으로부터 배출되는 온실가스를 포함한다. 판매한 제품의 사용 과정, 폐기물이나 폐수처리, , 임직원 출퇴근 및 출장 등도 포함된다	스코프3	23,130,000

자료 : 애플지속가능경영보고서 (2022) 에서 저자 재구성

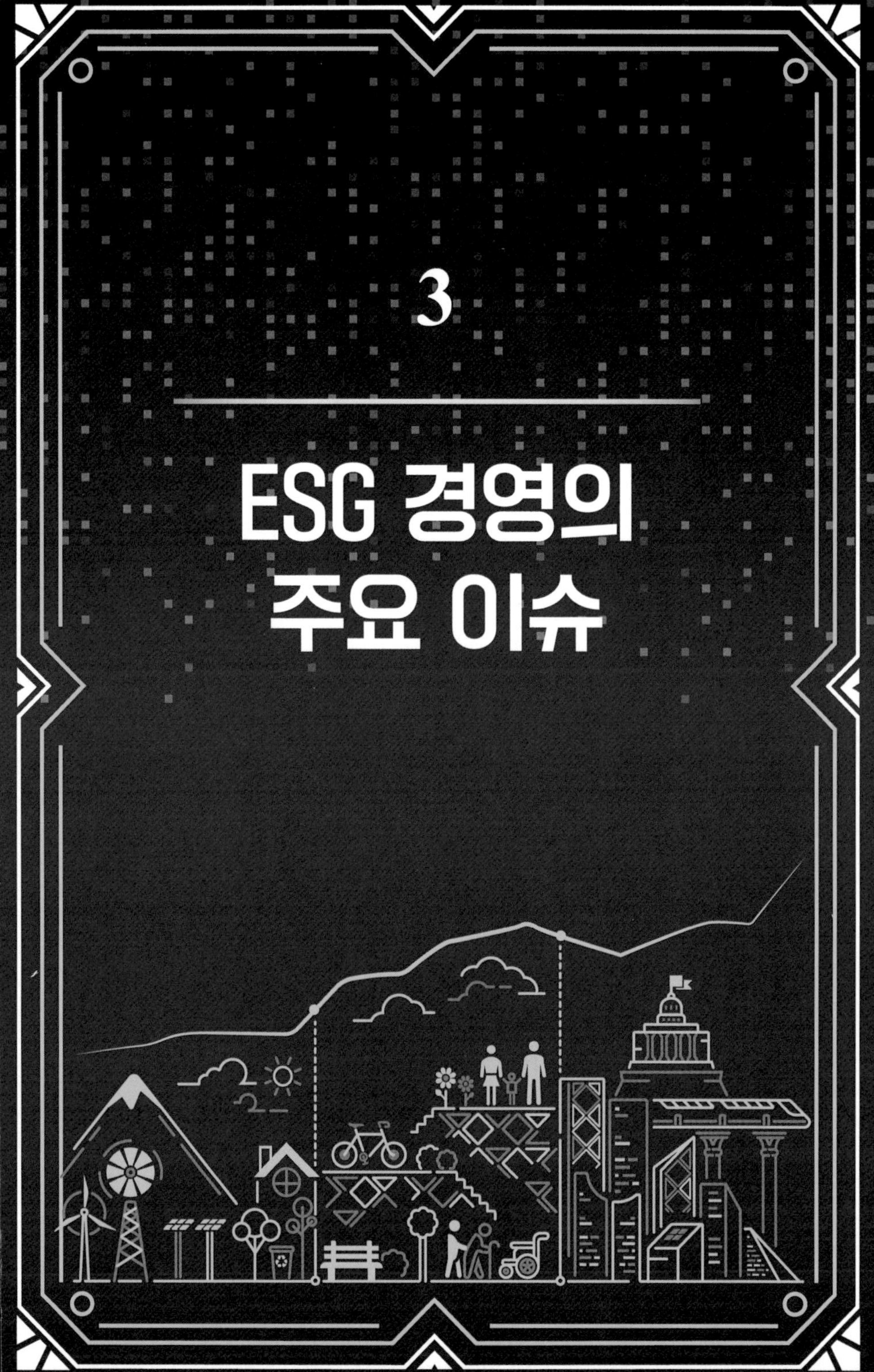

3

ESG 경영의 주요 이슈

빌 게이츠는 "기후 변화와 관련하여 당신이 기억해야 할 숫자가 두 개 있다. 하나는 510억이고, 다른 하나는 0(제로)이다."라고 말했다. 이 문장은 우리가 처한 환경 문제와 나아가야 할 방향을 함축적으로 잘 표현하고 있다. 지구는 매년 510억 톤의 온실가스를 대기권에 쏟아내고 있으며, 이제는 이 온실가스가 지구의 재앙으로 다가오는 것을 실감하게 되었다. 이러한 지구 파괴 시나리오를 피하려면 온실가스 배출을 제로로 줄여야 한다는 것이다.

세계 최대의 글로벌 자산운용사 블랙록(Black Rock)의 창업자이자 최고경영자인 래리 핑크는 매년 초 블랙록이 주주로 있는 기업 CEO들에게 공개서한을 보냈다. 2018년에 보낸 공개서한에서 '기업이 ESG 이슈를 잘 관리한다는 것은 지속가능성장에 필요한 재무 구조와 지배구조를 가졌음을 뜻한다. 우리는 투자 결정 과정에서 환경, 사회, 지배구조, 즉 ESG의 세 가지 이슈에 대한 고려를 점차 늘려 가고 있다'고 강조했다. 래리 핑크는 기업은 단기 재무성과보다 장기적으로 지속 가능한 발전을 추구하는 것이 더 중요하다고 주장했다. 환경 및 이해관계자와의 지속 가능성을 고려하지 않는 기업은 자본시장의 신뢰를 잃어 자금 조달 비용 증가와 같은 문제에 직면할 것이라고 경고했다. 블랙록은 ESG 문제를 고려하는 기업에는 투자를 확대해 나가며, ESG 문제를 소홀히 하는 경영진에게는 주주로서 반대표를 던지겠다는 의사를 분명히 표현했다.[33]

33) 조신(2021), 『넥스트 자본주의, ESG』, 19-20p, 사회평론.

1) 공급망 실사

공급망 실사(Due Diligence)는 회사와 하청 관계나 위탁 관계 그리고 협력 관계를 맺고 있는 공급망 전 과정에서 인권 또는 환경권을 침해하거나 연루되었는지 점검하는 개념이다. 따라서 공급망 실사란 용어는 **인권 경영, 인권 실사, 인권 환경 실사** 등과 같은 의미로 사용된다.

ESG에서의 실사는 유엔이 제정한 기업의 인권 이행 원칙을 따르고 있다. 유럽연합(EU)은 그동안 기업의 '지속가능성실사지침(CSDDD: Corporate Sustainability Due Diligence Directive)'이란 연성 규범(Soft law)으로 공급망 실사를 시행해 오다가 2024년 3월, 법률상 의무를 가지는 경성규범(Hard law)으로 규정하였다. 기업의 재량 사항이었던 CSDD 지침이 CSDD 법률로 확정되었다. 독일, 프랑스, 영국 등은 50,000여 개에 달하는 모든 대기업과 중소기업 및 협력사 등을 대상으로 기업 활동이 인권과 환경 등에 미치는 부정적 영향을 평가·관리한다. 기업은 생산 공정 및 공급망 전체에 대해 실사 의무를 진다. 공급망은 원재료를 획득하여 최종 제품을 고객에게 유통시키는 비즈니스 프로세스의 네트워크를 말한다. 자동차를 예로 들면 3만 개에 달하는 부품의 공급 업체와 유통 및 운송 과정에 연관된 모든 협력 업체가 공급망 실사 의무를 지게 된다. 이 법의 내용은 인권·환경 등에 대한 부정적 영향을 파악하고 평가하며, 이를 예방·제거·최소화하며, 모니터링 및 실사 이행 결과를 보고하는 데 있다. 실사보고서의 대외 공시는 의무화되며, 인권 침해 또는 환경 보고 기준 미충족 기업은 벌금과 최대 3년간 공공 조달에서 제외되는 제재 조치를 받게 되는 내용을 담고 있다.

EU의 CSDD법은 국내 기업들에게 직·간접적으로 영향을 미치게 될 것이므로 이에 대한 대비가 필요하다. 특히 국내 수출 기업들은 발등에 불이 떨어졌다. 기업의 공급망 전 과정에서 인권 및 환경에 대한 부정적 리스크를 관리하고, 지배구조와 경영 시스템 전반을 점검한다. 실사 항목에는 인권뿐만 아니라 생물다양성, 화학 물질, 유해 폐기물 등에 관한 국제 환경 협약 준수 그리고 지구 온도 1.5도 상승 제한에 관한 파리 기후 변화 준수에 관한 파리협정 등이 포함되어 있다. 미국은 2020년 말레이시아 기업이 팜유 생산 과정에서 아동 노동 착취와 강제 노동을 시켰다는 이유로 말레이시아 기업이 생산한 팜유 수입을 금지시켰다. 2022년에는 중국 신장위구르자치구에서 생산된 상품과 원자재가 대부분 아동 노동과 강제 노동에 의해 생산된 것이므로 이들 제품의 미국 내 수입을 금지하는 법을 발효하였다.

2) 순환경제

순환경제의 선순환구조

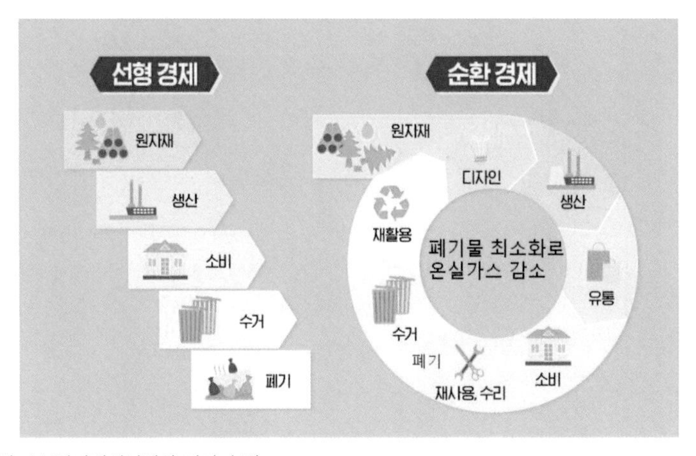

출처 : LX인터내셔널에서 저자 수정

순환경제(Circular Economy)는 기존의 자원 채굴, 생산, 폐기라는 선형경제 패러다임에서 벗어나 활용되지 않고 폐기됐던 제품이나 원재료 등을 새로운 자원으로 추출해 자원을 순환하는 경제를 의미한다. 생산, 소비, 관리, 재생이라는 과정을 통하여 폐기물 발생을 최소화함으로써 재료와 제품의 수명 주기를 늘리는 것을 목적으로 한다. 재생 단계에서 자원 가치가 높은 폐전자제품, 폐비닐, 폐배터리, 태양광 폐패널 등 미래 폐자원을 재활용한다.

순환경제가 기업 가치를 높이는 새로운 방안으로 주목받으면서 제조, 생산, 유통, 소비, 회수, 재활용으로 이어지는 순환 경제 속에서 기회를 발굴하고 새로운 비즈니스로 확장해 나갈 수 있다.

선형경제에서 기업의 생산 과정이 '쓰고, 만들고, 버린다'로 요약된다면, 순환경제는 버리는 폐기물을 재활용하고 재생하는 시스템으로 전환하여 탄소 배출을 줄이는 것을 목표로 한다. 순환 경제는 원자재의 배출 및 소비를 최소화하고, 소비의 지속가능성을 높여서 자원 효율성을 향상시킨다. 순환 경제가 가장 활발히 적용되는 곳은 플라스틱 재활용 분야이다. 폐플라스틱을 세척하고, 선별하고 잘게 부순 뒤, 화학적 재활용 기술을 적용하여 섬유 원료로 사용한다. SK이노베이션, LG화학 등에서 친환경 섬유를 만들고 있다. 파타고니아, 노스페이스 등 글로벌 패션업계에서 이를 구매해 아웃도어 제품을 생산하고 있다. 자원 순환 문제가 부상하면서 건축물에도 그린빌딩이라는 녹색건축이 이슈화된다. 탄소 중립 이니셔티브가 강화될수록 친환경 건축물 인증 프로그램이 확대될 것이다. 건설업계에서는 지속가능경영보고서에 재활용 콘크리트와 철근을 사용한다는 선언과 소음 저감, 공기질, 헬시 빌딩과 같은 프로그램이 등장하고 있다.

'생물다양성(Biodiversity)'은 지구에 존재하는 생물종과 생태계의 다양성 그리고 유전자의 다양성 등을 총체적으로 지칭하는 말이다. 이들이 사는 서식지와 그 환경이 지속적으로 유지되도록 보호되어야 한다. 그러나 환경 오염과 무분별한 개발, 외래종의 도입, 남획과 불법 포획, 기후 변화 등으로 생물다양성이 점차 감소되고 있다.

산업화로 인한 온실가스의 증가로 인해 지구 온난화는 걷잡을 수 없이 진행되고 있다. 기온이 높아지면서 빙하가 녹고, 열대 우림은 대규모로 사라지고 있다. 빙하와 열대 우림에서 서식하는 수많은 생명체가 멸종 위기에 처하게 되었다. 바다에서는 많은 양의 산호초가 사라지고 있다. 유엔 생물다양성 과학기구 보고서에 의하면 전 세계 산호초의 33%가 멸종 위기에 처해 있다고 한다. 넷플릭스는 산호초를 보호하고 경각심을 높이기 위한 환경 다큐멘터리 <산호초를 따라서>를 제작하였다. 산호는 영양분이 풍부하고 일정한 온도와 풍부한 산소 그리고 물이 깨끗하고 맑은 곳에서 서식한다. 산호가 바다에서 차지하는 면적은 1% 정도로 미미하지만, 바다 생물의 1/4 이상이 산호 지대와 주변에서 서식하고 있다. 산호는 바다의 보고이자 바다 생물의 보금자리가 되어 많은 바다 생물들이 모여든다. 산호초는 어류와 다른 해양 생물들의 중요한 서식지이다. 또한 산호초는 자연 방파제로서 해안 침식 효과를 가져오고, 관광객 유치에도 크게 기여를 한다. 인간에게는 아름다운 관광지를 제공한다. 지구 온난화로 인한 해수 온도의 상승은 산호초를 파괴한다. 산호는 해양 생태계에서 없어서는 안 되는 존재이다. 많은 해양생물이 산호초에서 먹이를 찾고, 번식하고, 포식자를 피해 숨는다. 산호초를 기반으로 풍요로운 생태계가 형성된다. 산호초에 서식하는 물고기 종류는 약 1,500종에 이른다. 산호초는 '바다의 열대 우림'으로 불린다.

산호초는 1년에 1센티미터 정도밖에 자라지 않기 때문에 바닷속에서 보는 산호초는 수백 년 이상 자란 것이다. 산호초 생태계가 건강하면 생물다양성을 보전할 뿐 아니라 인간에게도 도움을 준다. 바다의 열대 우림이 사라진다면, 해양 생물들은 물론 인류에게도 위협이 된다.

생물다양성 감소원인

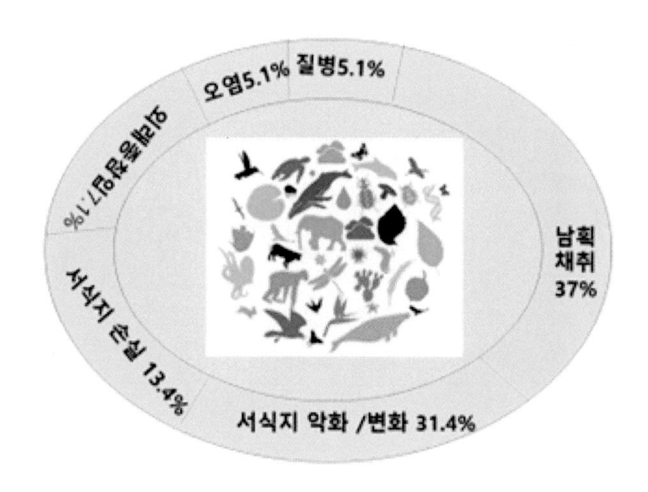

출처 : KRI한국환경정책 평가연구원에서 저자 재구성

참치는 천적인 상어의 공격을 피하고자 돌고래와 함께 다니기 때문에 그물로 참치를 잡으면 돌고래도 함께 잡히는 경우가 많다. 미국에서는 이러한 사실이 알려지자 참치 불매운동이 일어났다. 미국 정부는 돌고래 보호 장치 없이 포획한 참치에 대한 수입 금지 조치를 내렸다. 그러나 GATT는 생산 과정을 근거로 참치를 수입 금지 조치 할 수 없다고 판결했고, 참치 회사는 통조림에 돌고래 마크가 있는 라벨링을 부착하여 주의를 환기시켰다.[34)]

미세 플라스틱공포

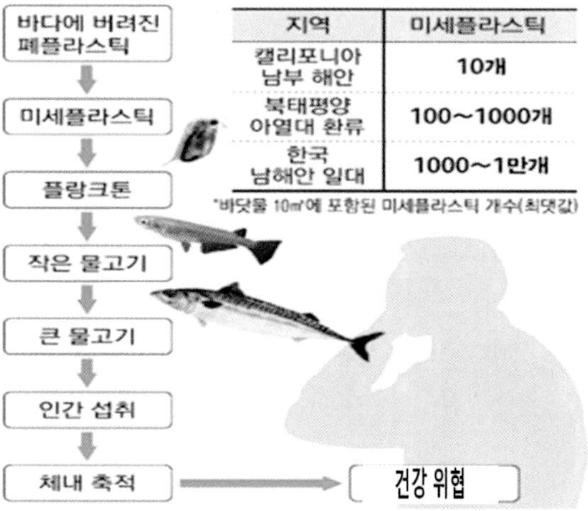

바다에 버려진 폐플라스틱
↓
미세플라스틱
↓
플랑크톤
↓
작은 물고기
↓
큰 물고기
↓
인간 섭취
↓
체내 축적 → 건강 위협

지역	미세플라스틱
캘리포니아 남부 해안	10개
북태평양 아열대 환류	100~1000개
한국 남해안 일대	1000~1만개

*바닷물 10㎥에 포함된 미세플라스틱 개수(최댓값)

출처 : 매경헬스 엄습해 오는 미세 플라스틱 공포 2015 에서 저자 수정

34) 김태한 외(2022), 『100대 기업 ESG 담당자가 가장 자주 하는 질문』, 202p, 세이코리아.

환경 오염을 가중시키는 위협 요소 가운데 플라스틱에 대한 우려가 점점 커지고 있다. 세계 플라스틱생산량은 2018년 4억 5천만 톤을 기록했으며, 20년 후에는 두 배로 증가할 전망이다. 그중 분리수거되거나 재활용되는 비율은 30%에 불과하고, 나머지는 폐기된다. 버려진 플라스틱이 분해되려면 최소한 400년이 걸린다. 더 심각한 사실은 분해 과정에서 온실가스 배출, 해양 오염 등 심각한 환경 문제를 일으킨다는 점이다. 한반도 크기의 7배에 해당하는 플라스틱 섬이 대양 가운데 떠돌고 있다는 소식이 들려온다. 매년 800만 톤의 폐플라스틱이 바다에 버려지고 있으며, 시간이 지남에 따라 미세 플라스틱으로 분해되어 플랑크톤과 해양 생물체가 이를 섭취한다. 미세 플라스틱이 축적된 어패류를 먹은 인간의 몸속에 미세 플라스틱이 쌓이게 된다. 결국 폐플라스틱으로 인해 해양 생태계가 파괴되고, 인간의 건강을 심각하게 위협하게 된다.

최근 바다에서 떠다니는 미세 플라스틱이 해양 생물의 몸속에 파고들어 생태계를 파괴한다는 보고서가 공개되고 있다. 해양 생물들은 바다에 떠도는 플라스틱 잔해를 먹이로 착각한다. 먹이를 찾아 나선 북극곰이 검은 플라스틱을 물어뜯고 있는 모습이 목격되기도 했다. 스코틀랜드 해안에서 플라스틱을 삼킨 채 죽은 향유고래가 발견되었는데, 부검 결과 뱃속에 플라스틱, 포장 끈, 그물 등 폐기물이 발견되었다. 태국 국립공원에서 죽은 사슴의 배에서 플라스틱 각종 용기와 비닐봉지 등이 나왔다. 미국 국립과학원에 의하면 해양 조류의 90%가 미세 플라스틱을 섭취하고 있다. 플라스틱은 해양 생태계를 파괴하고 있고,

플랑크톤과 산호를 병들게 하고, 인간이 먹는 물고기와 마시는 공기까지 오염시키고 있다.[35] 영국의학학회지는 지구와 인간의 건강을 해치는 생수 사용을 재고해야 한다고 했다. 플라스틱 병이 햇빛과 고온에 노출되거나 장기간 보관되는 경우, 유해한 화학 물질이 발생할 가능성이 높아진다고 발표했다. 특히, 더운 날에는 페트병에 담긴 물은 가급적 마시지 않는 것이 좋다고 권고한다.

친환경 시대에 부응해 '썩는 플라스틱'에 대한 연구와 관심이 커지고 있다. 생분해성 플라스틱은 사용 후 폐기했을 때 미생물 등의 작용으로 물과 이산화탄소로 완전히 분해되는 썩는 플라스틱이다. 미래 기후변화를 더디게 하고, 환경 오염에 대응할 수 있는 새로운 재료로 부각되고, 연구에 박차를 가하고 있다.

35) 유창조(2021), 『소비자가 주도하는 ESG 모델』, 97p, 서울경제경영.

3) 지배구조와 컴플라이언스

(1) 지배구조

기업지배구조는 기업을 둘러싼 이해관계자들의 관계를 조정하는 메커니즘으로, 경영 자원의 조달과 운영 및 수익 분배 등에 대한 의사 결정을 감시하는 기구이다. 현실적인 지배구조는 소유와 경영의 분리에 따라 주주가 자본을 투자하고, 경영권은 제3자가 담당하며, 이러한 구조를 독립된 기관이 감시 및 감독하는 체계이다. 지배구조는 의사 결정 과정에서의 권한과 책임이 경영진, 주주, 이사회, 이해관계자에게 어떻게 분산돼 있는지를 보여 준다.

ESG에서 지배구조의 역할은 주주의 대리인 자격으로 기업을 맡은 경영진이 자신의 이익을 극대화하려는 의도를 효과적으로 줄이는 데 있다. 기업은 ESG 세 요소 가운데 환경 문제가 가장 중요하다고 생각한 반면, 글로벌 기관투자자 러셀 인베스트먼트(Russell Investments)는 투자 판단 시 우선적으로 고려하는 요소로 지배구조를 꼽았다. 기업 운영과 관련된 이해관계자들 간 의견 대립을 조정하는 이사회의 기능이 건전하고 투명하면, 비록 창업주라 할지라도 독선적으로 회사를 운영하면 퇴출된다. 국내에서는 이런 경우가 드물지만, 미국은 이러한 사례가 비일비재하다. 이것은 미국 회사의 지배구조가 상대적으로 건전하고 투명하게 운영된다는 증거이다. 실례로 회사의 비전과 성장 방침에 어긋나고, 독선적인 경영 행태를 가진 창업주 스티브 잡스와 합리적 의사 결정을 하는 CEO 스컬리가 기업통치기구인 이사회에서 충돌했을 때 이사회는 스컬리의 손을 들어 주고, 잡스를 회사에서 해고했다. 그동안 잡스는 세계 최초의 개인용 컴퓨터 애플을 만들고, CEO로 승승장구했다. 잡스는 매킨토시 개발에 몰두하면서 존 스컬리 최고경영자(CEO)를 영입했다. 그러나 잡스가 만든 고가의 매킨토시가 실패하고 매출액이 급락하자, 스컬리는 매킨토시 판매를 중단하고, 기존의 성공작인 개인용 컴퓨터 '애플II' 판매를 통한 이익 실현을 강조했다. 스컬리는 펩시콜라 CEO 시절, 소비자의 눈을 가리고 콜라 맛을 비교하도록 한 이벤트를 통해 획기적인 매출 신장을 가져왔다. 스컬리는 기업의 현실적인 이익 추구가 무엇보다 중요하다고 주장했다. 그러나 잡스는 매킨토시를 살리기 위해 가격 인하로 판매를 늘려야 한다고 주장했다. 최종통치기구인 이사회는 매킨토시 부서장 잡스를 해고하며 스컬리의 손을 들어 줬다.

또 다른 예로서 챗GPT의 아버지라 불리는 샘 올트먼은 오픈

AI 회사의 창업자다. 이사회는 회사를 창업하고 챗GPT를 공개한 지 1년 만에 그를 해임했다. 이유는 올트먼의 공격적인 상업화는 인공지능의 안전한 발전을 저해한다는 것이었다. 이처럼 미국에서는 기업 창업주가 이사회의 결정으로 회사에서 쫓겨나는 일이 많다. 현재 테슬라와 스페이스X 등의 CEO를 맡고 있는 일론 머스크도 본인이 창업주인 페이팔에서 쫓겨난 이력이 있다. 머스크의 독선적인 경영 스타일과 브랜딩 전략은 이사회와 사사건건 충돌했다. 결국 머스크는 테슬라를 세계 최대 전기차업체로 위상을 높였지만, 잡스가 애플에서 쫓겨난 것처럼 머스크는 페이팔에서 해임되었다. 일 중독자 머스크는 주당 100시간 이상 일하면서 괴팍하면서도 예측 불가능했고, 리스크를 추구하는 사업 스타일을 가졌다. 머스크는 어린 시절 더글러스 애덤스의 코믹 SF 작품 『은하수를 여행하는 히치하이커를 위한 안내서』를 읽고 우주 개척의 꿈을 이루기 위해 스페이스X를 창업했다. 그는 테슬라와 스페이스X를 세계적인 기업으로 끌어올렸다. 잡스는 때론 비열했고 직원들에게 잔인했지만, 폭풍처럼 몰아붙이는 힘이 있었다. 아이폰과 매킨토시를 구상한 배경에는 창의력과 강한 추진력이 있었다. 잡스와 달리 머스크의 괴팍함이란 또 다른 의미의 잔인함이 있었다. 그러나 창의적이고 비전이 있으며, 추진력이 있다는 점에선 탁월했다. 그는 위대한 혁신가로 평가된다. 머스크는 테슬라를 세계 최대 전기차업체로 성장시켰고, 그 결과 머스크는 팬데믹 기간 중 빌 게이츠 등을 제치고 세계에서 가장 자산이 많은 억만장자로 등극했다. 전기차의 대표 주자가 된 그는 테슬라 외 태양광 사업을 하는 솔라시티, 민간 우주 항공 사업 스페이스X 등 새로운 세상을 만들어 가는 사업을 병행하고 있다. 그러나 테슬라가 환경(E)에서는 상대적으로 유리한 전기차사업으로 탄소 절감에 중요한 역할을 했지만, 사회(S)와 지배구조(G) 면에서는 많은 문제점을 드러냈다. 그 결과 2022년 5월, 테슬라는 S&P 500지수에서 퇴출되었다.

그 외에도 야후 창업자이며, 포털의 황제로 불리는 제리 양도 CEO에서 퇴출된 후 화려하게 복귀했다. 이와 같이 창의적 아이디어를 가진 천재들은 자라 온 배경은 다르지만 쫓겨나 절치부심한 뒤 화려한 복귀를 한 점 등이 같다. 미국의 경영 환경은 지배구조가 바른 결정을 함으로써 위대한 스타트업 기술 개척자들을 분발하게 만들어 지속가능경영을 이루어 나간다는 특징을 가진다. 지배구조의 중요성은 여기서 드러난다.

소유와 경영이 분리되어 있는 주식회사에서 소유자인 주주들은 직접 경영에 참여하지 않고, 전문경영자를 선임하여 경영을 위임한다. 이때 경영자는 소유자를 위하여 일하기로 약속해 놓고 자신의 이익과 편의를 챙기는 문제가 발생한다. 경영자가 주인의 이익을 극대화하는 방향으로 일하지 않고, 자신의 명성을 추구하며, 사치스러운 사무실을 운영하고, 불필요하게 많은 종업원을 고용하여 비효율적인 사업에 투자할 가능성이 있다. 이 경우 경영자의 모럴 헤저드(Moral hazard, 도덕적 해이)가 발생한다. 이로 인해 주주와 경영자 간 이해 상충 문제가 발생한다.

이러한 도덕적 해이를 저지하기 위해 소유자는 경영자를 감시하고 감독할 제도가 필요한데, 기업지배구조가 이 기능을 담당한다. ESG시대로 접어들면서 주주의 이익만 챙기는 주주자본주의는 주주, 채권자, 거래기업, 소비자, 종업원, 정부 등 다양한 이해관계자로 구성되는 공공이익의 연합체인 **이해관계자 자본주의**(Stakeholder Capitalism)로 전환되었다. ESG 경영에서는 다양한 이해관계자의 요구를 조정하는 한편, 기업의 사회적 책임(CSR)도 수행해야 한다. 즉, 다양한 이해관계자의 이해 상충 문제를 조정하기 위한 제도적 장치인 기업지배구조의 역할은 더욱 중요하게 부각된다. 기업지배구조가 시스템으로 정착되면 지배주주의 영향력이 축소되고, 선임된 경영자의 독단적 경영을 통제하면서, 기업 가치 제고에 긍정적인 영향을 미친다. ESG 요인 중 글로벌 기관투자자들이 의사 결정 과정에서 가장 중요시하는 요소는 기업지배구조이다. 건전한 지배구조는 비합리적 경영 의사 결정을 배제하여 기업의 자원이 효율적으로 배분되도록 한다.

지배구조는 ESG 등급평가에서 가장 중요한 역할을 하고 있다. 지배구조는 기업의 지속가능성의 원천이자 기준이다. 투명한 지배구조는 기업 가치를 새롭게 하고, 주가 상승이라는 선순환에 긍정적으로 작용한다.

투자자와 평가기관은 경영자의 역할을 평가하고 기업이 지속가능한 성장을 위한 비즈니스모델을 지니고 있는지 등을 면밀히 살펴본다. 평가기관에 따라 기준과 방식의 차이는 있지만, 어떤 기업이든 지배구조가 ESG 등급에 많은 영향을 주는 것은 분명하다.

지배구조 ESG등급평가지표

1. 이사회구성(사외이사비율)
2. 이사회 산하 위원회구성의 다양성과 구체성
3. 사내 사외이사 이사회출석률
4. 대표이사 이사회 의장 분리여부
5. 사외이사후보추천위원회(사추위)의 구성과 분리
6. 사외이사직무수행지원조직 및 사외이사 교육실시현황
7. 사내이사 사외이사 간 독립성 보장 및 사외이사 전문성
8. 주주총회관련 기업관행 개선여부
9. 계열사간 내부거래비율
10. 배당성향

출처 : 더빌에서 저자 재구성

지배구조와 관련한 여러 평가 기준 가운데 우선적으로 보는 것은 사외이사 비중이다. 이사회는 주주와 이사, 최고경영자로 연결되는 기업지배구조의 핵심적인 연결 고리이다. 이사회는 주주총회로부터 회사경영에 관한 전반적인 권한과 책임을 법적으로 부여받은 기관이다. 주주총회가 기업의 최고의사결정기구이기는 하지만 일 년에 한 번씩 열리는 주주총회를 통해 일상적인 경영 활동을 할 수 없으므로 그 권한을 이사회에 위임한 것으로 볼 수 있다. 지배구조가 왜 중요한가? 일반적으로 기업의 구조는 주주들이 자금을 투자하고, 대표이사 중심으로 경영을 하며, 이사회는 대표이사를 지원하고 감독하며 조직을 운영해 간다. 그러나 대표이사가 주주총회에서 주주들로부터 위임받은 권한을 독단적으로 행사하며 대주주이익만 대변하고, 이사회는 거수기 역할만 하게 되었다. 따라서 이해관계자와 소액주주들의 이익을 대변할 수 있는 또 다른 이사회로서 사외이사제도의 운영이 필요하게 되었다. 대표이사는 대주주의 이익을 위해 행동하기가 쉽기 때문에 소액주주의 이익을 대변하는 일은 사외이사의 몫이다. 따라서 상법에는 자산총계가 5천 억 이상이면 이사회의 과반수를 사외이사로 구성해야 하고, 사외이사후보추천위원회를 의무적으로 설치해야 한다고 규정한다. 사외이사 비율이 높을수록 평가에서 높은 점수를 받게 되므로 기업마다 사외이사 비율을 높이는 추세이다. KT는 이사회 11명 가운데 무려 8명이 사외이사이다.

이사회 멤버들의 이사회 출석률과 이사회 산하의 위원회구성도 중요하다. 그 외 내부거래위원회, 보상위원회 등 다양한 위원회를 구성하면 평가에 유리하다. 대표이사와 이사회의장 분리 여부도 평가 대상인데, 대표이사의 과도한 권한 행사를 막는다는 취지에서 양쪽의 직책을 분리하는 것이 좋다. 계열사 간 내부 거래 비율도 평가기관의 관심사로 그룹 내 내부 거래를 지양하도록 권고하고 있다.[36)]

한국 지배구조를 지적할 때 늘 따라다니는 단어는 코리아 디스카운트(Korea discount)이다. 국내 기업의 주가가 외국 기업의 주가보다 낮게 형성되어 있는 현상을 말한다. 2012년부터 2021

---

36) 김재필(2022), 『ESG 혁명이 온다 2』, 387-389p, 한스미디어.

년까지 10년간 국내 상장기업의 주가-장부가 비율 평균은 선진국과 신흥국의 절반 수준에 불과하며, 분석 대상 45개국 중 41위에 해당한다. 코리아 디스카운트는 한국 주식시장의 취약성을 드러내는 표현이다.

한국은 1997년 외환위기를 겪고, 기업의 분식회계 척결, 사외이사제도와 감사위원회 도입 등 많은 제도를 개선하였지만, 외국 평가기관들은 여전히 국내 기업의 지배구조와 경영 투명성 등에 의문을 보내고 있다. 예를 들어, 삼성그룹이 경영권 승계 목적으로 불법 합병을 추진하였다. 제일모직 지분만 소유했던 이재용 삼성그룹 회장이 삼성물산을 합병하여 삼성그룹의 경영권을 승계하려고 했다. 이렇게 되면 삼성그룹 총수 일가가 지배력을 가진 그룹 전체는 성장할지 몰라도, 불합리한 인수 합병으로 흡수 합병 된 그룹 내 개별 기업은 원래 성장 잠재력만큼 성장하지 못하게 된다. 이러한 일이 발생하는 이유는 불투명한 지배구조로 인해 이사회와 감사위원회의 독립성 부족 등에 기인하고 있다.

(2) 컴플라이언스

컴플라이언스(Compliance)는 '기업의 사업 추진 과정에서 구성원들이 비전과 미션을 이해하고, 법과 회사 내부 규정을 자발적으로 지키게 하는 일련의 내부통제시스템'이다. 이를 통해 기업이 법과 회사 규정을 위반했는지를 자가 체크 할 수 있고, 자신도 모르게 위반할 수 있는 법률, 즉 공정거래법, 하도급법, 청탁금지법, 성희롱법, 개인정보보호법 등에 대한 교육, 점검, 자문을 통해 법 위반을 예방하고, 구성원들이 관련 법령에 친숙해지도록 한다. 기업은 컴플라이언스를 통해 자사의 활동을 모니터링, 보고, 분석, 교육함으로써 규정위반점검과 재발 방지 대책을 마련할 수 있다.

대법원은 기업의 내부통제시스템이 구축되어 있지 않거나 유명무실한 경우, 이를 지배구조의 감시위반으로 규정하고 있다. 따라서 건전한 컴플라이언스 시행 여부는 ESG 평가 점수에서 중요한 비중을 차지한다. 지배구조의 키워드는 준법경영과 윤리경영인데, 컴플라이언스는 이를 완성시키는 출발점이자 하나의 시스템이다.[37)]

---

37) 이준희 외(2023), 『ESG 생존 경영』, 244p, 중앙북스.

4) 중소기업의 ESG 경영

중소기업이 우리나라에서 차지하는 비중은 매우 크다. 기업 수로는 99.9%가 중소기업이고, 종사자 수는 80.9%, 매출액은 46.7%에 이르고 있어 우리나라 기업의 근간을 이루고 있다.

국제노동기구(ILO)에 따르면 중소기업(SME)은 전 세계 기업의 90%를 차지하고, 고용의 약 79%를 차지하며, 전 세계 GDP의 최대 70%를 주도한다. 그럼에도 불구하고 ESG 요소를 전략에 통합하고 전반적인 ESG 성과를 공개적으로 보고하는 데 있어 대기업에 비해 훨씬 뒤처지는 경우가 많다. 이는 중소기업의 복합적인 영향을 고려할 때 지속 가능한 결과에 좋지 않을 뿐 아니라 비즈니스에도 좋지 않다.[38]

38) 김영국, 「중소기업 ESG 대응과 사회적 가치 제고를 위한 경영방안 연구」, 한국법이론실무학회, 법이론실무연구 제12권 1호, 2024, 11-52p.

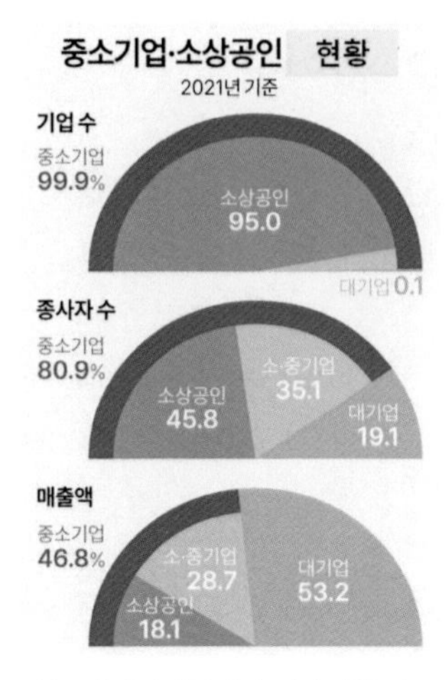

우리나라 전체 기업수와 종업원수에서 중소기업은 95%와 80.9%를 차지하고 매출액은 대기업과 비슷하다

자료 : 중소벤처기업부에서 저자 재구성

따라서 중소기업은 대기업의 협력체로이자 수출 기업으로써 ESG 경영을 위한 고유한 전략이 필요하다. 중소기업이 ESG를 해야 하는 이유는 다음 네 가지이다.

첫째, 공급망 실사 시 ESG 반영 점수가 미약할 경우, 협력 업체 선정에서 배제될 위험이 있다. 둘째, ESG 측면에서 소비자의 니즈를 충족 못 하는 경우, 불매운동이 나타날 수 있다. 셋째, 정부의 ESG 규제로 공공 입찰 참여시 불이익이 발생된다. 넷째, 투자자 및 금융기관으로부터 투자 적격 판정을 못 받는 경우 자본 조달에 차질을 가져온다. 중소기업은 대기업에 비해 소유와 경영이 분리되어 있지 않아 투명한 의사 결정 체제가 제대로 작동하기 어려운 곳이 많다, ESG 경영 전략은 대기업과 중소기업이 크게 다르지 않다. 하지만 중소기업은 장기 전략보다는 단기 이익에 민감하고, ESG를 관리할 전문 인력을 확보하기 어렵다.

중소기업 ESG관련 주요지표

영역	지표
환경(6)	환경경영체계구축 탄소배출저감 자원사용/폐기 및 재활용 유해물질 배출/폐기 탄소발자국 친환경기술
사회(6)	고용관행 공급망 포함 아동노동/강제노동 금지 차별 및 직장내 괴롭힘 금지 산업안전 보건 지적재산 및 고객정보 보호 제품안전 및 품질
지배구조(2)	투명경영 반부패/준법경영

출처 : 대한상공회의소 삼정 KPMG 에서 저자 재구성

국내 대기업의 상당수가 협력사 선정 시 중소기업의 환경, 안전·보건, 인권, 고용 관행, 제품 안전 및 품질, 법률적 측면의 리스크 관리 역량 등을 평가 기준에 반영하고 있다. 대한상공회의소에서는 중소기업고유의 ESG관리지표로써 환경 요인 6가지, 사회 요인 6가지, 지배구조 2가지를 제시하고 있다.

5) ESG 리스크 관리

(1) ESG 경영 법체계

ESG 경영을 효과적으로 수행하기 위해서는 조직구성원이 연성규범과 경성규범 등 기업을 둘러싼 법체계를 잘 준수해야 한다.

ESG 경영 법체계를 상호 연계하여 경영자의 의도대로 업무가 수행되도록 하기 위한 역할은 연성규범인 컴플라이언스가 담당한다. ESG 경영에서 기업이 적용받는 법체계는 컴플라이언스(Compliance), 연성규범(Soft law), 경성규범(Hard law) 세 가지이다. 컴플라이언스는 연성규범과 경성규범의 준수를 위한 교육이나 관리 활동으로서 기업 구성원들이 자발적으로 관련 법규를 준수하도록 하는 내부통제시스템이다. 연성규범은 법적 강제력은 없으나 구성원에게 실질적인 영향을 미치는 규정이다. 여기에는 스튜어드십 코드, ISO 각종 규범, RE100 캠페인 등이 포함된다. 경성규범은 법적 강제력을 가지는 규범으로서 산업안전보건법, 중대재해처벌법, 자본시장법, 공정거래법, 하도급법, 청탁금지법, 개인정보보호법 등이 있다. 작업 현장에서 발생하는 각종 사고를 막기 위해서 중대재해처벌법이 발효되었다. 세월호와 이태원 참사, 가습기 살균제 사고 등이 이슈화되면서 산업안전보건법보다 강력한 경성규범(Hard Law)이 만들어졌다. 중대재해처벌법은 중대한 인명 피해를 줄이기 위해 경영책임자에게 책임을 묻는 것이고, 산업안전보건법은 현장 소장에게 그 책임이 있다.

ESG경영 법체계

밥종류	내용	의미
컴플라이언스 (Compliance)	연성규범과 경성규범 준수를 위한 교육, 관리활동	**조직내에서 자신도 모르게 위반할 수 있는 법률 등에 대한 교육, 점검, 자문을 통해 법 위반을 예방하는 활동. 기업이 자발적으로 관련 법규를 준수하도록 하는 일련의 시스템. 이를 통해 기업이 법과 회사규정을 위반했는지를 자가 체크할 수 있고 리스크의 사전관리, 재발방지대책 등을 세울 수 있음**
연성규범 (Soft law)	스튜어드십코드 ISO각종규범 RE100	법적 강제력은 없으나 구성원에게 실질적인 영향을 미침
경성규범 (Hard law)	산업안전보건법 중대재해처벌법 **자본시장법** **공정거래법** **하도급법** **청탁금지법** **개인정보보호법**	법적 강제력

유럽과 미국은 ESG 경영 선진국이라고 분류할 수 있고, 한국은 이들 나라의 이니셔티브와 규범, 관행을 익히고 따라가고 있다. 해외 기업과 긴밀하게 연계되어 있는 국내 기업들은 글로벌 ESG 경영에서 사법 리스크를 줄이기 위해서는 사업장 소재 국가 법령뿐만 아니라 국제 규범 등 외국 법령을 세밀히 검토하고 시행해야 한다. ESG 실행 리스크를 줄이기 위한 이행 리스크 중 법률 리스크는 가장 중요하다. 환경, 사회, 지배구조에 대한 정부의 공적 규제 강화와 더불어 투자사 등 이해관계자가 주도하는 사적인 자율 규제가 강화될 전망이다. 기업은 기본적인 준법 리스크는 물론, 국제규범 및 연성규범에 따른 리스크까지 고려하는 종합적인 ESG 리스크라는 개념에 대비해야 하는 시대가 됐다. ESG시대에 국내기업이 식별하고 관리해야 하는 ESG 리스크를 3층 주택에 비유할 수 있다.

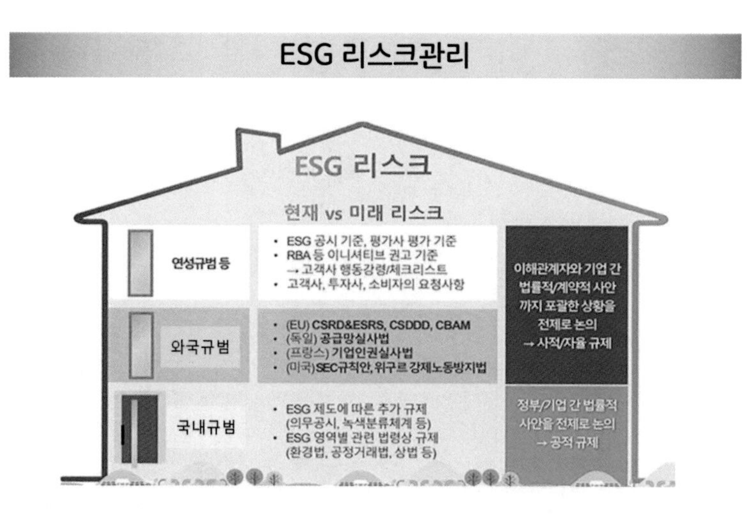

출처 : ESG 리스크와 기업 경영 환경의 변화, 리걸타일스 윤용희 2023. 09.05.에서 저자 재구성

1층에는 국내 ESG 관련 실정법이 있다. 구체적으로는 환경법, 공정거래법, 근로기준법, 소비자기본법, 개인정보보호법, 표시, 광고의 공정화에 관한 법률, 산업안전보호법, 중대재해처벌법 등이 있다. 2층에는 공급망실사법, 기업인권실사법, 강제노동방지법 등 국제규범 및 외국 법령에 따른 리스크가 있다. 3층에는 연성규범에 따른 리스크가 있다. 공시(Disclosure), 검증(Assurance), 평가(Rating), 인증(Certification)의 네 가지 기준을 시행하고 있는 해외 국가의 연성규범까지 이해하고, 저촉되지 않도록 노력을 기울여야 한다.[39]

(2) 글로벌 리스크와 기후 리스크

세계경제포럼(World Economic Forum)이 발표한 2017년부터 2021년까지의 글로벌 리스크 동향을 보면 극심한 기상 변화와 자연재해, 물 위기를 겪으면서 기후 변화 실패라는 전 지구적 환경 재해가 가장 심각한 현상으로 나타났다. 2021년 글로벌 리스크 순위에서 전염병(팬데믹)이 가장 큰 위험 요소로 드러났다.

다음으로는 기후 행동 실패, 대량 살상 무기, 생태계 손실 순으로 주목받았다. 1위인 팬데믹 전염병이 수년간 인류를 괴롭혀 오다가 2024년 시점에서 진정되는 기미를 보이자 기후 행동 실패는 부동의 1위를 앞으로 오랫동안 유지할 것으로 예측된다.

39) 윤용희(2023), ESG 리스크와 기업경영 환경의 변화, 리걸타임스.

IPCC(기후 변화에 관한 정부 간 협의체)는 현재 추세로 지구 온난화가 진행된다면 2040년 이전에 지구 평균 온도는 산업화 이전 시기(1900년경)에 비해 1.5℃ 이상 상승하고, 대형 산불, 홍수, 폭염, 한파 등 이상 기후 현상이 빈번하게 발생할 것으로 전망하고 있다. 이러한 기후 변화에 대비하여 세계 각국의 대응 노력도 한층 강화되고 있다. 우리나라를 비롯한 세계 각국은 파리협정(파리기후변화협약)에 따라 온실가스 감축 목표 전략을 수립하였다. 대부분 국가들은 2050년까지 넷제로를 달성하겠다고 선언하고 있다. 연기금 등 기관투자자들은 화석 연료 관련 자산 비중을 줄이고, 화석 연료 개발 사업에 대한 금융 지원을 중단하겠다고 발표하는 등 기후 변화 대응에 적극적으로 동참하고 있다.

기후 리스크는 기상 이변으로 인한 자연재해에 따른 물리적 자산의 피해, 온실가스 감축 정책에 따른 비용 상승과 같은 물리적 피해나 경제적 손실을 의미한다. 기후 리스크는 물리적 리스크와 이행 리스크로 구분된다. 기후 변화로 인한 자연재해로 발생하는 실물 자산의 손상을 물리적 리스크(physical risk)라고 한다. 한편, 기후 변화 대응을 위한 탄소 저감 정책이 시행되는 과정에서 화석 연료에 의존하는 탄소 집약적 산업의 자산 가치 감소, 소비자 선호 변화, 기업의 생산 비용 상승 등과 같은 이행 리스크(transition risk)가 발생한다.[40]

---

40) 김민기, 「저탄소 포트폴리오와 자본시장의 기후변화 대응」, 자본시장연구원, 자본시장연구원 2023.

연도별 글로벌 리스크

에서	1위	2위	3위	4위
2021	전염병(팬데믹)	기후위기	대량살상무기	생태계손실
2020	기후행동실패	대량살상무기	생태계손실	기후위기
2019	대량살상무기	기후위기	극심한 기상	물위기
2018	대량살상무기	극심한 기상	자연재해	기후위기
2017	대량살상무기	극심한 기상	물위기	자연재해

자료 : World Economic Forum(2021), Global Risk Perception Survey 2021.에서 저자 재구성

예를 들어, 제조업의 경우, 전력을 석탄이 아닌 신재생에너지로 생산한다면 이행 리스크로 인한 추가적 비용 부담이 발생하게 된다. 생산 공장이 해안에 위치하는 경우, 물리적 리스크로 인한 재무적 영향은 해수면 상승 및 태풍, 쓰나미로 인한 공장 자산 가치 하락 및 생산 차질 등을 들 수 있다.

건전하지 못한 지배구조로 인해 오너 리스크(owner risk)도 발생한다. 대한항공 오너 가족의 땅콩회항사건, 금호 아시아나 그룹회장의 계열사 부당 지원 혐의, 남양유업이 자사 제품을 마치 불가리아산 제품인 것처럼 허위 광고를 하고, 남양유업 제품 '불가리스'가 코로나19 바이러스 감염증 억제 효과가 있다는 허위 주장을 한 것 등은 대표적인 오너 리스크 사례이다.

또한 기후 리스크에 노출된 금융 자산을 보유한 금융회사는 운영 리스크, 신용 리스크, 보험 리스크 등을 부담하게 되며, 이는 금융시장과 실물경제 간 상호작용을 거쳐 시스템 전체의 리

스크로 확대될 수 있다. 기후 변화에 따른 미래 시나리오는 NGFG(세계 중앙은행 및 감독협의회)가 제시했다. 기후 시나리오를 물리적 리스크와 이행 리스크에 미치는 영향에 따라 그래프로 분석했다. 물리적 리스크는 기후 관련 피해가 자산 가격에 미치는 리스크이며, 이행 리스크는 저탄소 경제로 이행하는 과정에서 발생하는 리스크이다.

첫째, 좌측 하단의 질서 있는 전환은 즉각적이고 적극적인 정책 대응을 통해 2050년 넷제로 목표를 달성하고, 물리적 리스크와 이행 리스크가 낮고 온실가스 감축이 순조롭게 이루어져서 1.5도 이하의 지구 온도 유지를 이룬다. 둘째, 좌측 상단의 무질서한 전환은 기후 정책 대응이 지연되거나 넷제로 목표를 수행하지만 국가별로 일관성 없게 전개되는 경우다. 물리적 리스크는 낮게 유지되지만 이행 리스크가 높은 시나리오다. 셋째, 우측 하단의 뜨거운 지구는 지구 온난화를 방지하기 위한 넷제로 글로벌 정책이 실패로 돌아간 경우다. 이행 리스크는 낮으나 물리적 리스크가 높은 시나리오다. 뜨거운 지구의 경우가 무질서한 전환보다 훨씬 심각한 상황을 가져온다. 마지막으로, 우측 상단의 경우, 최악의 상황으로 지구를 위기에서 구하려는 노력과 정책이 모두 수포로 돌아가 남극 빙하가 녹아내리고, 생태계 파괴와 인류 재앙으로 치닫는다. 이행 리스크와 물리적 리스크가 최고조에 이른다.

기후변화 시나리오
물리적리스크 vs 이행리스크

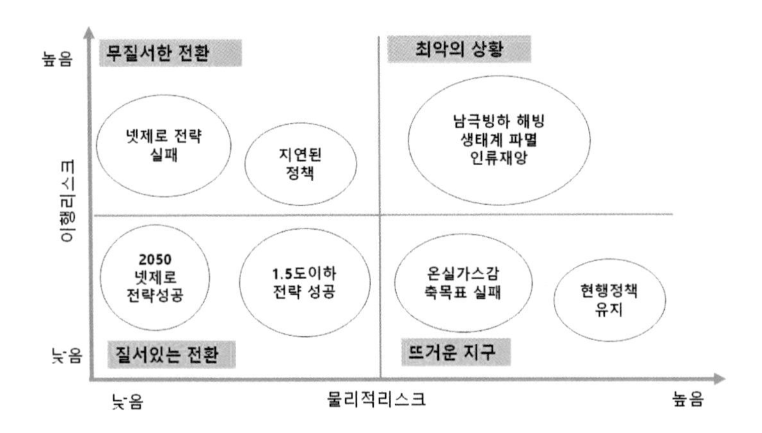

(3) ESG 위험: 내부통제시스템(COSO IC)과 전사적 위험관리 시스템(COSO ERM)

COSO IC(Commission of Sponsoring Organization of the Treadway Internal Control)는 기업지배구조 등 전사적 내부 통제 기능을 정의하는 전사적 리스크 관리 모델이다. COSO는 기업의 전사적 위험관리(ERM, Enterprise Risk Management)에 대한 체계화된 프레임워크를 최초로 정립하였다. 그 연구 결과는 글로벌 스탠다드로 인식되고 있으며, 전 세계적으로 ERM의 모범 기준으로 활용되고 있다. COSO는 통합 리스크 관리를 세 가지로 구분된다.

첫째, 기존 감사와 컴플라이언스, 회계 분야와 관련된 내부 통제이다.

둘째, 지속가능경영을 위해서 관리되어야 할 리스크로서 환경적 리스크, 사회적 리스크, 경제적 리스크에 대한 내부 지침이다.

셋째, 기업의 수익변동성을 줄이려고 시행하는 개별 리스크 관리이다. 재무부서는 금리 리스크, 자본 리스크, 환 리스크 등의 재무 리스크를 관리하고 안전에 대한 운영리스크를 관리한다. IT 부서는 전산복구계획(DRP)을 수립하고 통제한다.

개별 기업의 특징과 역사에 따라 각 부서는 기업의 수익모델에 따라 부담하는 리스크가 상이하므로 관리하는 주체도 서로 다르다.

지속가능경영을 위해서는 이를 방해하는 리스크 요소를 사전적으로 인식, 평가, 대응, 관찰하는 통합 리스크 관리가 필요하다. 이를 위해서 일반 기업이나 금융기관과는 다른 전사적 위험관리체계를 가지고 있다. ERM의 초점은 이해관계자의 평판과 관련된 운영 리스크 관리에 있다. 기업은 이해관계자와의 지속적인 커뮤니케이션을 통해 평판 리스크를 관리해야 한다. 특히 고객은 가장 민감한 이해관계자이다. 고객이 관심을 갖는 핵심 이슈는 고객만족경영, 친환경적 제품 개발, 제품 안정성, 윤리투명경영, 환경 법규 준수 등이다. 이를 만족시키지 못하면 소비자 주도시장에서 고객은 언제든지 대체 상품으로 옮겨갈 수 있다. 만족이나 브랜드 관리는 마케팅과 홍보부서에서 담당하고, 제품 안전과 생산은 생산부서의 업무이다. 개별 부서에서 관장하던 업무가 통합되어 지속가능경영이라는 큰 틀 안에서 관리된다. 사업부제 도입이나 각 부서에서 담당하던 업무를 구성원 전체의 직무인 전사적 기업리스크관리(ERM: Enterprise Risk Management) 시스템에서 관장하면 효율성 극대화를 이룰 수 있다.

COSO IC 프레임워크는 내부 통제를 위한 초기모델로서 기업이 각 위험 부서별로 위험관리를 하도록 고안되었다. 그 후 기업 전체적인 위험관리시스템으로 COSO-ERM이 개발되었다. COSO-ERM은 COSO IC의 발전모형으로서, 환경, 사회, 지배구조에서 발생하는 위험을 전사적으로 관리해야 하는 ESG 경영에서 매우 적절한 위험관리모형이 되고 있다. 기업의 내부통제시스템은 기업 전체적인 위험관리시스템의 구성 요소이다. COSO IC 모델은 전략 목표, 운영 목표, 재무 보고 목표 그리고 법규 준수 목표를 포함한다. 그에 반하여 COSO-ERM의 목적은 전략 달성, 운영의 효율성, 대내외 보고와 공시의무, 규정 법률 준수에 있다. 재무적 보고를 고려할 뿐 아니라 비재무적인 환경, 사회, 지배구조까지 보고된다.

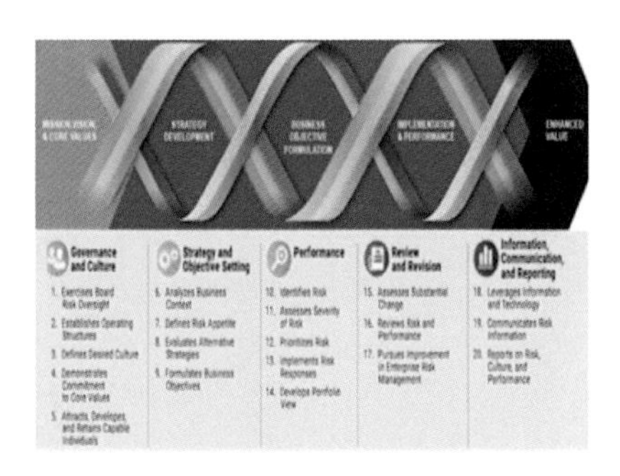

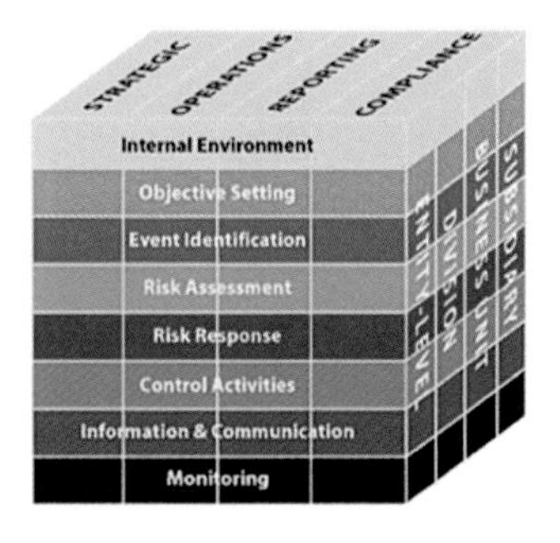

출처: Wikimedia Commons, the free media repository

COSO IC와 COSO ERM의 두드러진 차이는 구성요건에서 나타난다. COSO IC의 구성 요건이 5개(감독, 정보와 커뮤니케이션, 통제 활동, 위험평가, 통제 환경)라면 COSO ERM의 구성 요건은 8개(내부 기업 환경, 목표 설정 프로세스, 사건 인식, 위험평가, 위험관리, 통제 활동, 정보와 커뮤니케이션, 감독)이다. 위험관리 철학의 필요성이 강조됨에 따라 사건 인식 범주에서 긍정적 또는 부정적인 목표 달성을 방해하는 모든 사건들이 인식된다.[41]

전체적으로 COSO ERM은 COSO IC보다 위험평가에서 통합된 포트폴리오 위험 관점에서 접근한다. ESG 경영진은 COSO IC에 의한 내부통제시스템을 포함하고 있는 COSO ERM에 의한 위험관리시스템을 채택해야 한다.

전사적 위험관리 COSO-ERM

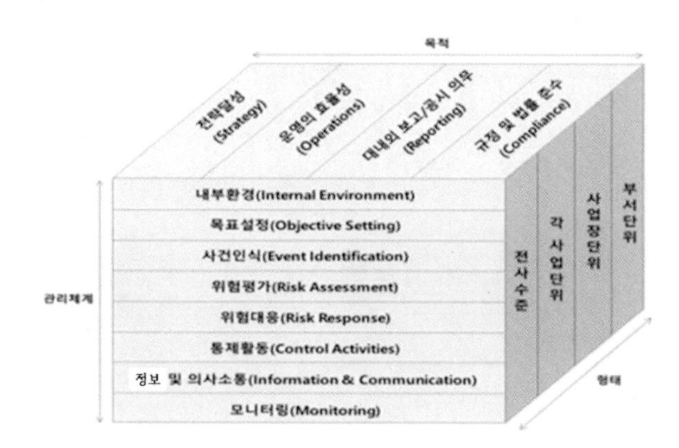

출처 : COSO frame work 2020에서 저자 재구성

41) 신언명 외(2012), 『기업리스크 관리의 가이드 COSO ERM』, 21p, 신일북스.

ERM은 기업의 궁극적인 목표 달성을 위해 전사적 시각에서 여러 위험 요인을 인식하고, 허용 한계 내에서 관리하여 대응 방안을 수립하고 실행하는 지속적인 프로세스라고 정의할 수 있다. 개별 위험관리 방식의 개선, 경영 환경의 불확실성 증가, 정부와 관련 기관의 규제 강화 등으로 전사적 통합 위험관리, 즉 ERM의 도입 필요성은 크게 증대되고 있다. COSO는 ERM의 정의와 구성 내용 등을 내용으로 하는 ERM 프레임워크 발표를 통하여 ERM에 대한 이해를 촉진하고, 실행 기준을 제시했다.

COSO는 재무, 회계, 감사 분야의 전문가들이 경영윤리, 내부통제, 기업지배구조, 위험관리 측면에서 경영 활동의 개선을 도모하고 있다. COSO의 ERM 프레임워크에는 ERM의 의미와 목적, 구성 요소, 실행 원칙 등이 상세히 기술되어 있다. 이는 ERM에 대한 프로토콜을 최초로 정립하였다는 데 중요한 의미를 가진다. COSO의 ERM 프레임워크의 8가지 요소는 내부 환경, 목표 설정, 사건 인식, 위험 평가, 위험 대응, 통제 활동, 정보 및 소통, 모니터링 등이다. 내부 환경에는 이사회, 관리 책임 등의 조직 요소와 비전, 목표, 문화 등과 같은 무형 요소가 포함되어 있다. 목표 설정은 기업의 비전을 이루어 가기 위한 전략적인 목표와 수행 전략들을 점검하는 것이며, 평가의 기반이 된다. 사건 인식은 기업 목표를 저해할 수 있는 상황을 파악하고, 위험을 발생시킬 수 있는 대내외적 요인들을 분석하고 대비하는 것이다. 위험 평가는 기업의 목표 달성에 잠재적으로 존재하는 위험을 파악하고 이응 정량적이고, 정성적인 방식으로 평가한다. 위험 대응은 위험의 발생 가능성과 심각성, 그것을 관리하는 비용과 기대 효과 등을 복합적으로 참조하여 최적의 위험 대응 방안을 마련한다. 통제 활동은 기업 내 모든 부서에서 이루어지며, 효과적인 위험 대응을 위한 정책과 절차를 의미한다. 정보 및 의사소통은 기업의 내부와 외부에서 위험관리와 관련된 정보를 인지, 획득, 공유하는 것을 의미한다. ERM의 요소들이 효과적으로 운영되고 있는가를 지속적으로 모니터링한다. 해외 유수기업들은 기업 특성에 따라 형태는 상이하나, 이미 ERM을 통해 합리적이고 체계적인 위험관리를 수행하고 있다. 기본적인 위험 인식 과정과 위험 평가 방법 그리고 체계적인 보고 절차 및 커뮤니케이션 활동 등은 모든 기업이 유사하다. Wal-Mart는 전사적위험관리위원회와 위험 워크숍을 주기적으로 시행하여 각 부문이 직면하고 있는 위험 요소를 정기적으로 파악하고 이를 관리하며, 대응 계획을 수립한다. Dupont은 체계화된 관리 프레임워크를 구성하고, 위험 측정 지표 EAR(Earnings at Risk)을 개발하여 위험 발생 요인을 전사적으로 통합 관리 하고 있다. Microsoft는 위험측정지표 VAR(Value at Risk)를 활용하고 있으며, 위험지도(Risk Map)를 작성하여 당면한 위험을 사전에 파악하여 지속적인 위험관리와 대내외적인 커뮤니케이션 활동을 추진하고 있다.

6) ESG 성공 사례

삼성화재의 안내견 사업은 이건희 회장의 시각 장애인에 대한 특별한 애정으로 1993년 삼성화재 안내견 학교의 출범과 함께 시작되었다. 삼성화재가 재정적으로 후원하고, 에버랜드가 운영을 담당한다. 세계 유일의 민간기업이 안내견 육성 사업을 진행하고 있다. 안내견은 시각 장애인의 안전한 보행을 돕기 위해 훈련된 보조견으로, 시각 장애인이 독립된 삶을 영위하고 사회인으로 평등하게 살아갈 수 있도록 돕는 역할을 한다. 안내견 한 마리를 육성하는 데 2년이라는 기간이 소요되고, 매년 1-2억 원의 예산이 소요된다. 안내견 분양과 교육은 무상으로 지원되므로 후원자의 사명감 없이는 지속되기 어렵다. 삼성화재 안내견 학교는 퍼피 워킹, 자원봉사단 교육, 안내견 훈련, 시각 장애인 파트너 교육, 안내견 진료 등 관련 분야에서 탁월한 전문성을 갖추고 있다. 안내견은 자원봉사자 가정에서 1년간 사람과 함께 지내는 법을 훈련받게 된다. 사회 활동에 참여하는 시각 장애인 수가 늘어나고 있어 안내견 수요도 증가할 것으로 예상된다. 초기 안내견 품종은 셰퍼드였으나, 현재는 90% 이상이 리트리버다. 시각 장애인 김예지 국민의 힘 국회의원의 안내견이 사상 최초로 국회에 들어갈 수 있게 되었다. 기업이 창출한 이윤을 사회 환원 차원에서 소외 계층을 지원하는 사회적 책임을 넘어서서 ESG의 미래 방향은 기업과 시민이 같이 참여하고 협력하는 조직 문화를 만들어 간다는 의미에서 삼성화재 안내견 학교는 모범 사례로 볼 수 있다.[42)]

국내 아웃도어 의류 회사인 블랙야크는 고객관리 차원에서 BAC(Blackyark Alpine Club)라는 커뮤니티를 만들었다. 등산하고 내려오면서 산에 버려진 쓰레기를 자발적으로 수거하는 활동을 하는 커뮤니티이다. BAC는 등산 애호가들의 동호인 모임으로 발전하면서 회원 수가 꾸준히 증가해 왔다. 2017년에 30만 명으로 회원 수가 늘어나자, 회사 주도에서 회원 주도로 운영을 변경했다. 자연을 보호하고 산에 버려진 쓰레기를 수거하자는 캠페인은 모든 등산객의 호응을 받아 으레 산에 가면 쓰레기를 담아오는 일이 당연시되었다. ESG 환경 보호의 성공 사례가 된다.

미국의 친환경 패션 브랜드 파타고니아는 자신의 제품을 사지 말라는 광고, 'DON'T BUY THIS JACKET'을 내보냈다. 그런데 재킷은 불티나게 팔려 나갔다. 1973년에 설립된 파타고니아는 노스페이스, 콜롬비아스포츠 등과 함께 미국의 3대 아웃도

---

42) 유창조(2022), 『참여와 협력의 ESG 모델』, 102-145p, 동국대학교출판부.

어 전문 브랜드로 평가되는 기업이다. 파타고니아는 글로벌 친환경 라이프 스타일을 지향하는 아웃도어 기업이다. 이 회사의 비전은 '최고의 상품을 만들되, 그로 인한 환경 피해를 유발시키지 않으며, 환경 위기에 대한 해결 방안을 수립하고 실행하기 위해 사업을 이행한다'이다. 설립자 이본 쉬나드는 주한미군 출신이며, 북한산과 도봉산에 그의 자취가 남아 있다. 의류업계 최초로 버려진 페트병을 모아 재활용 폴리에스테르 원단을 만들어 옷을 만들었다. 매출의 1%를 '자연세'라는 명목으로 지구를 위해 사용하며, 리사이클 원단과 유기농 목화를 소재로 의류 제품을 생산했다. 또한 환경단체의 시위를 적극 후원하기도 했다. 이러한 기업 비전과 광고 전략은 MZ세대의 가치관에 적중해 파타고니아 제품은 오히려 가파른 매출 성장률을 보였다.

아모레퍼시픽은 1993년 환경무한책임주의를 선언하고 2009년부터 지속가능경영을 적극적으로 도입했다. 아모레퍼시픽의 미션은 'We Make A More Beautiful World. 사람을 아름답게 세상을 아름답게.'이다. 아모레퍼시픽은 2021년 지속가능경영을 위한 고객 및 사회와의 동행과 대자연과의 공존이라는 두 가지 중심축을 공표했다. 아모레퍼시픽의 캠페인은 모든 제품에 환경 및 사회 친화적 속성이 내포되며, 고객이 원하는 라이프 스타일에 기여하는 브랜드 활동을 전개해 나간다는 것이다. 신제품의 환경 발자국 저감, 그린 케미스트리 기술혁신, 가치 소비 확산을 위한 브랜드 캠페인을 전개한다. 그리고 다양성을 추구하며 포용의 가치를 사내외에 확산하고, 이해관계자와의 조화로운 성장을 구현하고 시민의 건강한 삶을 지원한다.

7) 단일중대성과 이중중대성

기업의 모든 정보를 공시하는 것은 불가능하기 때문에 지속가능성보고서에 어떤 정보를 공시할 것인가를 판단하기 위한 기준으로 '중대성(materiality)' 개념을 사용한다. 기업은 언제나 사회 속에 존재하고, 기업과 사회는 상호 영향을 주고받는다. 사회와 환경이 기업의 목표, 전략 및 성과에 미치는 영향을 분석하는 것을 아웃사이드-인 관점(Outside-in perspective)이라고 하며, 이 관점에서 기업 재무에 중대한 영향을 주는 지속 가능성 이슈를 가려내는 것을 재무적 중대성(Financial materiality)이라고 한다. 반대로 기업이 환경과 사회에 미치는 영향을 분석하는 것을 인사이드-아웃 관점(Inside-out perspective)이라고 하며, 이 관점에서 중대한 이슈를 가려내는 것을 임팩트 중대성(Impact materiality)이라고 한다. 재무적 중대성은 단일중대성(Single materiality)이라고도 부르며, 기업의 수익이 중심이다. 임팩트 중요성은 환경·사회적 중대성(Environmental·Social materiality)이라고도 하며, 사회와 환경이 중심이다. ESG 정보 공시에 재무적 중대성만 적용하자는 것을 단일중대성 관점이라고 하며, 임팩트 중대성까지 두 가지를 모두 적용하자는 것을 이중중대성(Double materiality) 관점이라고 한다. 재무적 중대성(Financial materiality)의 기준을 제시하는 기관으로는 국제회계기준(IFRS, International Financial Reporting Standards), 지속가능회계기준위원회 표준(SASB), 일반회계기준(GAAP), 국제지속가능회계기준 위원회 표준(ISSB) 등이 있다.

지속가능보고의 중요성(Materiality)

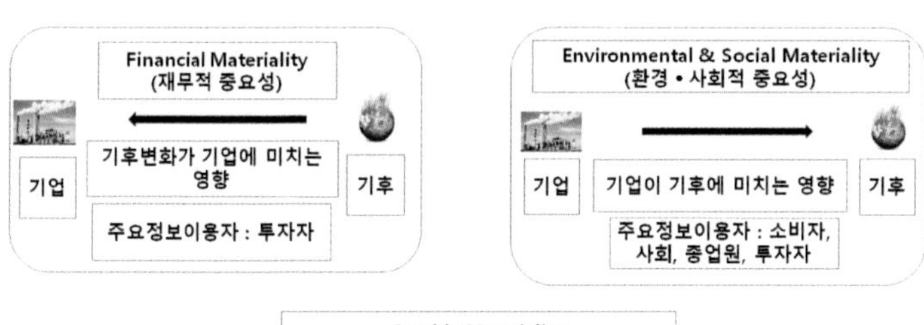

환경·사회적 중대성(Environmental·Social materiality)은 기업경영 활동이 주요 이해관계자인 시민사회, 임직원, 정부 등에 미치는 영향의 중요성이다. GRI가 표준 기준을 제시한다. GRI는 현존하는 ESG 공시 기준 중 유일하게 사회·환경적 중대성 관점에서 개발된 표준이다. 환경과 사람을 중시하는 GRI 표준은 경제,

환경 및 사람에게 중요한 영향을 미치는 주제를 중대 주제라고 정의한다. 그리고 2020년대 유럽금융기관을 중심으로 재무적 중대성(Financial materiality)과 환경·사회적 중대성(Environmental·Social materiality)을 동시에 고려해야 한다는 이중중대성(Double materiality)이 부각 되었다. 재무적 중대성 렌즈를 통한 투자자 중심의 지속 가능성 보고만으로는 환경과 사회에 미치는 영향에 대한 기업의 책임과 지속 가능성을 체크하지 못한다고 본다. 즉, 기업의 책무성을 높이고, 기업의 지속 가능성을 평가하기 위해 필요한, 비교 가능하고 효과적인 보고 수단은 투자자뿐만 아니라 이해관계자 모두를 대상으로 지속 가능성 이슈를 보고하는 이중중대성이라는 것이다. 재무적 중대성(Financial materiality)은 주주자본주의에 가깝고, 환경·사회적 중대성(Environmental·Social materiality)은 이해관계자자본주의에 가깝다.[43]

이중중대성을 기반으로 개발된 공시는 유럽지속가능성보고표준(ESRS)이다. 이러한 공시야말로 기업의 공시 수준을 한 단계 성장시킬 수 있는 개념이다.[44]

왜냐하면 어떤 기업도 생산 과정에서 환경과 사회에 긍정적·부정적 영향을 주지 않는 기업은 없기 때문이다. 예를 들어, 제약업의 경우, 특성상 온실가스 배출이 적기 때문에 기업이 환경과 사회에 미치는 영향은 중대 주제가 되지 않는다고 판단할 것

43) 송호근 외(2023), 『ESG시대의 지속가능경영 기업시민』, 172p, 플랜비디자인.

44) 이준희 외(2023), 『ESG 생존 경영』, 328-331p, 중앙books.

이다. 따라서 기업의 입장에서는 외부 환경에 미치는 영향보다는 재무적 중요성을 집중 관리 하게 된다. 그러나 환경과 사회적 관점에서 보면 시약 원료 채취 단계, 운송 및 유통 단계, 사용과 폐기물 관리 과정에서 발생하는 환경 오염 문제가 오히려 더 심각할 수 있다. 글로벌 제약사 아스트라제네카는 코로나19 팬데믹 기간에 백신 생산으로 전 세계적으로 유명해진 제약사이다. 2020년 지속가능성보고서에서 아스트라제네카의 온실가스 배출의 97%가 스코프 3에서 발생했다고 규명했다. 스코프 3 배출은 기업이 통제할 수 없는 자원으로부터 발생하는 온실가스 배출이므로, 측정하고 줄이는 것이 쉽지 않다. 우리나라 지속가능성보고서는 대부분 GRI 기반의 공시를 진행하고 있다. 중대 주제가 환경과 사회에 미치는 영향에 초점을 맞추어 기술되고 있다. 앞으로 기업은 단일중대성과 환경·사회중대성이 균형을 이루는 이중중대성을 통해 지속가능성 보고서를 기술할 필요가 있다. 그렇다면 투자자뿐만 아니라 소비자, 임직원 등 모든 이해관계자에게 관심 있는 정보를 제공하여 공시의 활용성을 높이게 될 것이다.

X 축은 시간 축이다. 왼쪽에서 오른쪽으로 진행하면 현재에서 미래로 흐르는 시간의 경과를 나타낸다. Y 축은 ESG 과제의 특성이다. 원점은 ESG 요소의 발생 초기이다. ESG 요소는 통상 비재무적 요소로 불린다. 따라서 ESG 요소 발생 초기에는 ESG 요인이 발생하더라도 재무적 특성이 크게 나타나지 않는다. 이는 해당 ESG 요소에 대해 사회가 크게 반응하지 않는다

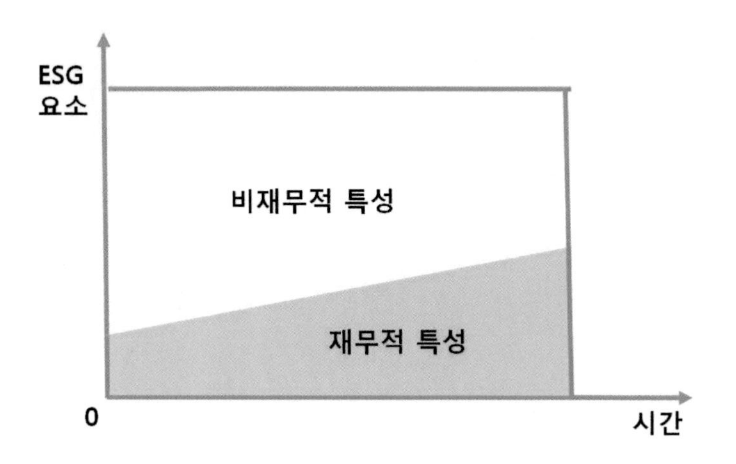

는 것을 의미한다. 따라서 기업이 온실가스를 과도하게 배출하고 폐수를 방류하는 등 환경 문제가 발생하더라도 손해배상이나 벌금, 주가 하락 등의 문제가 일어나지 않는다. 그리고 ESG 요소의 발생 직후인 원점에서 출발하여 X 축을 따라 오른쪽으로 이동하면 해당 ESG 요소의 재무적 특성이 시간의 흐름에 따라 강해지는 것을 확인할 수 있다. 해당 ESG 요소가 사회적인 물의를 일으켜서 주가 폭락을 야기하든지 벌금이나 손해배상 문제를 일으킬 것이다. 발생된 비재무적인 ESG 요소들이 시간의 경과에 따라 재무적 특성으로 바뀌어 가는 양상을 도식화하여 보여 주고 있다. 물론 기후 변화나 노동력 착취와 같은 이슈가 비재무적 리스크에서 재무적 리스크로 바뀌어 가기까지 걸리는 시간은 각각 다르다. 어찌 되었든 장기적 시간 지평에서는 좋든 나쁘든 대부분의 비재무적 리스크는 재무적인 특성으로 바뀌게 된다. 이처럼 장기적 시각에서 재무적 요소로 바뀔 수

있는 비재무적 요소를 재무적으로 중요(financially material)하다고 설명한다.[45)]

이러한 재무적으로 중요한 정보들을 지속가능보고서에 기록하고 기관투자자들은 투자 전략에 참고 자료로 활용한다.

45) 박태영 외(2021), ESG의 구조, 102-104p, 문우사.

8) 택소노미

택소노미(Taxonomy)는 '분류 체계'라는 뜻인데, 보통 녹색(Green) 환경과 관련된 기준이다. 무엇이 녹색활동으로 분류되는지를 정의한 녹색분류체계지침이다. 세금을 뜻하는 'Tax'가 포함되어 있어서 오해받지만 세금과는 관련이 없다. 택소노미는 온실가스 감축과 기후 변화에 적극적으로 나서는 '친환경 산업'을 판단하는 기준으로 쓰인다. 따라서 '녹색분류체계'라고 불리기도 한다. 친환경 산업을 찾아내어 발표하고, 이들에 대한 금융, 세제 혜택을 지원해서 투자의 활성화를 도모한다. 2022년 7월 EU는 2050년까지 탄소 중립 달성을 목표로 환경적으로 지속 가능한 경제 활동의 기준 정립을 위해 녹색분류체계를 제정했다.

EU 택소노미의 6대 환경 목표는 기후 변화 적응, 온실가스 감축, 자원 순환 경제로의 전환, 수자원 및 해양 생태계 보호,

생물다양성 및 생태계 복원, 오염물질 방지 및 관리 등이다. 원자력 발전은 6가지 목표 중 처음 다섯 가지는 충족한다. 하지만 마지막 목표인 생물다양성 및 생태계 복원에서는 탈락한다. 일본 후쿠시마와 소련 체르노빌 원자력 사고에서 보는 바와 같이 원전은 환경목표에 심각한 위해를 끼친다. 따라서 독일과 유럽 6개국(룩셈부르크, 포르투갈, 덴마크, 오스트리아, 스페인, 아일랜드)은 원전의 EU 택소노미 포함을 반대하고 있다. 그러나 프랑스와 영국은 "원자력 발전은 저렴하고 안정적이고 독립적 에너지원이며, 탄소 배출이 없는 원전이다"라며, 그린 택소노미에 원전을 추가해야 한다고 주장한다.[46)]

한국은 탈원전 정책을 포기하고 원전 생산에 박차를 가하고 있으면서도 한국판 K-택소노미는 원자력을 배제시키고 있다. 수력 발전은 전력을 생산하는 과정에서 공해를 발생시키지 않으며, 연료가 필요 없고, 댐에 저장해 놓은 물로 홍수와 가뭄을 막는 장점이 있다. 그러나 수력발전소는 댐 건설에 소요되는 비용이 막대하고, 발전소를 지을 수 있는 장소가 제한되어 있으며, 댐을 건설하는 과정에서 발생하는 수몰 지구로 인한 피해가 발생한다. 또한 산란을 위해 상류로 거슬러 올라가는 어류들을 막아 생태계를 파괴한다. EU 택소노미 기준을 적용하면 화력 발전과 수력 발전은 환경 목표와 기여도 요건을 충족하지 못해서 탈락한다. 그러나 풍력 발전은 환경 목표를 충족하고, 사회적 안전장치를 준수하여 녹색산업으로 인정된다. 풍력 발전은

46) 김재필(2022), 『ESG 혁명이 온다 2』, 104p, 한스미디어.

다른 환경 목표에 피해를 주지 않으면서 최소한 사회적 안전장치를 충족시키므로 녹색산업으로 인정된다. 2020년 EU가 그린 택소노미를 발표한 후, 한국도 EU 택소노미와 유사한 2021년 한국형 녹색분류체계(K-Green Taxonomy)를 발표했다. 예를 들어, 화력 발전소와 수력 발전소 그리고 원자력 발전소, 풍력 발전소 중 어느 것이 녹색분류체계에 적합한지를 가려 주는 것이 그린 택소노미의 역할이다. UN은 지구와 사회의 지속 가능 측면에서 중요한 ESG 투자 원칙인 PRI(Principle for Responsible Investment(책임투자원칙)와 ESG 경영 목표인 SDGs(Sustainable Development Goals(지속 가능 발전 목표) 두 가지를 제정하여 공표하고 있다.

한편, 환경에만 치우친 ESG 경영을 사회 영역으로 확대시킨 것이 소셜 택소노미(Social Taxonomy)이다. 2022년 2월, EU가 소셜 택소노미를 발표했다. 소셜 택소노미를 통해 어떤 활동이 사회적 투자나 사회적 목표 달성에 기여하는 활동인지 투자자와 소비자가 판단할 수 있는 정보를 제공한다. 소셜 택소노미에서 배제되는 사업은 자금 공급이 차단되고, 이에 따라 지금 조달 비용이 크게 높아질 것이다. 소셜 택소노미가 도입되면 탄소중립사회로의 진입과 공정한 사회로의 전환이 촉진되어 인권과 노동 환경 개선에 기여하게 된다. 이는 환경에서 시작된 지속가능 사회로의 이행이 사회적 가치 창출과 지배구조 개선까지 진전을 가져와 본격적인 ESG시대가 열리게 된다.[47]

47) 이태호(2023), 『ESG의 이해와 실천』, 83p, 율곡출판사.

2022년 한국에서 30조 원이 넘는 사회적 채권이 발행되었다. 사회적 채권은 사회 문제 해결 또는 완화를 목적으로 발행하는 채권이다. 은행이 중소기업 대출을 위해 채권을 발행하는 경우, 통신회사가 통신 품질 제고를 위해 채권을 발행하고, 제약회사가 신약 개발을 위해 채권을 발행하려고 할 때 이것이 사회적 채권에 부합되는지를 식별해 주는 기준이 소셜 택소노미이다. 사회분류체계는 환경에 집중되어 있는 기존 분류 체계를 인권을 포함한 다른 사회적 영역으로 확장되는 것을 의미한다.

소셜 택소노미(Social Taxonomy)의 사회적 목표

수직적차원	인간의 기본니즈 개선	물, 음식, 주거, 보건, 교육 등
	경제인프라 접근권 개선	교통, 통신과 인터넷, 청정에너지, 금융의 포용성, 폐기물관리 등
수평적차원	양질의 일자리보장	차별금지 및 평등, 아동노동금지, 강제노동금지, 좋은 고용조건, 보건과 안전, 숙련과 평생교육, 사회보장
	소비자 이익증진	제품과 서비스의 안정성과 품질, 소비자개인정조, 프라이버시, 사이버보안의 보호
	지속가능한 커뮤니티조성	평등하고 포용적인 성장, 고용기회 창출

출처 : 범무법인 지평, 2021.7.20.에서 저자 재구성

EU가 발표한 소셜 택소노미(Social Taxonomy)는 환경 및 사회와 지배구조 분야에서 지속 가능한 경제 활동이 무엇인지 구분하는 원칙과 기준을 요약한 보고서이다. 사회 목표를 수직

적 차원과 수평적 차원으로 나누고, 수직적 차원은 인간다운 삶의 기준 향상에 초점을 두고, 수평적 차원은 좋은 일자리 창출, 소비자 이익 증진, 지속 가능한 커뮤니티 조성 등 세 가지 목표를 제시한다. 수직적 차원은 제품과 서비스가 삶의 기준을 향상시켰는지를 체크한다. 수평적 차원은 경제 활동 과정에서의 인권 보호가 핵심이다. 좋은 일자리를 만들고 소비자 이익을 증진시키며, 지역 사회의 지속 가능성을 촉진시키는 것이 그 내용이다.

4

글로벌 ESG 투자와 금융

2023년 말 기준 세계 4대 자산운용사(블랙록, 뱅가드, 피델리티, 스테이트스트리트) 각각의 시가총액이 세계 1위 주식인 마이크로소프트의 시가총액을 추월했다. 이들의 세계자본시장에서 차지하는 비중이 워낙 크기 때문에 4대 자산운용사의 성과가 세계경제에 미치는 영향은 무시할 수 없다. 국내 100대 상장사 가운데 세계 최대 규모의 자산운용사 블랙록(Black Rock)이 대주주인 기업이 절반을 넘었다. 글로벌 자본시장에서 블랙록의 영향력이 미국 대통령보다 세다는 말이 나올 정도이다. 래리 핑크 블랙록 회장은 투자 결정 시 지속 가능성을 기준으로 하고,

블랙록이 대주주인 주요 기업 및 지분율

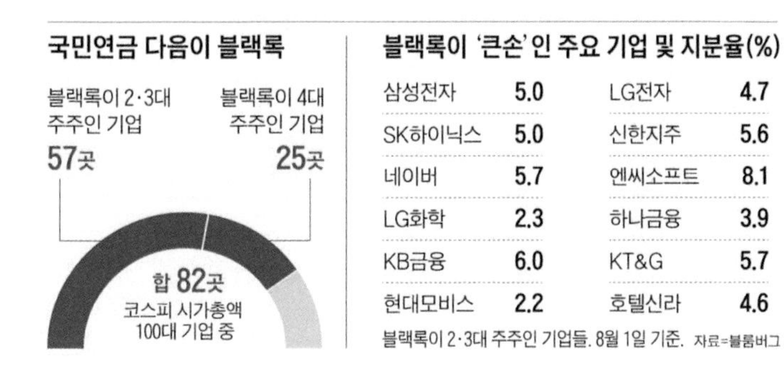

블랙록이 '큰손'인 주요 기업 및 지분율(%)

기업	지분율	기업	지분율
삼성전자	5.0	LG전자	4.7
SK하이닉스	5.0	신한지주	5.6
네이버	5.7	엔씨소프트	8.1
LG화학	2.3	하나금융	3.9
KB금융	6.0	KT&G	5.7
현대모비스	2.2	호텔신라	4.6

블랙록이 2·3대 주주인 기업들. 8월 1일 기준. 자료=블룸버그

출처 : 조선일보, 2024.5. 에서 저자 재구성

ESG 잣대를 요구하겠다고 선언하자, 다시 한번 ESG 광풍이 불어닥쳤다. 2024년 1월 기준 블랙록의 운용자산 규모만 10조 달러, 우리 돈으로 1경 3,325조 원에 달하며 한국 GDP(국내총생산)보다 약 6배나 많다.

블랙록이 대주주 위치를 점하고 있는 국내 기업으로는 KB금융, 신한금융, 하나금융, 삼성전자, SK하이닉스, 네이버, LG화학 등이 있다.

1) 금융기관의 역할과 투자 원칙

금융기관은 업무 유형에 따라 은행, 보험회사, 증권회사, 자산운용회사 등으로 구분되는데, 이들 금융기관은 모두 자금의 중개, 위험의 분산, 자산의 안전한 보관 및 관리 등의 업무를 수행하면서 수익을 창출한다. 과거 금융기관의 가장 큰 역할은 기업과 투자자들 사이에서 자금중개업무이다. 그러나 코로나19 이후 경제 주체 간 양극화가 확대되고, 기후 변화 위험이 커짐에 따라 ESG 가치 창출에 대한 역할이 중요하게 부각되었다. 미래 금융기관의 역할은 이해관계자가 ESG와 관련한 비재무적 가치가 우수한 곳에 지금을 투자할 수 있도록 중개하는 역할이 가장 중요하게 대두되었다.[48)]

금융기관은 기업의 ESG 경영, 정보공시강화 등을 장려하고

48) 한국경영학회(2023), 『ESG 이해관계자 중심 경영』, 258-260p, 박영사.

금융기관의 역할 변화

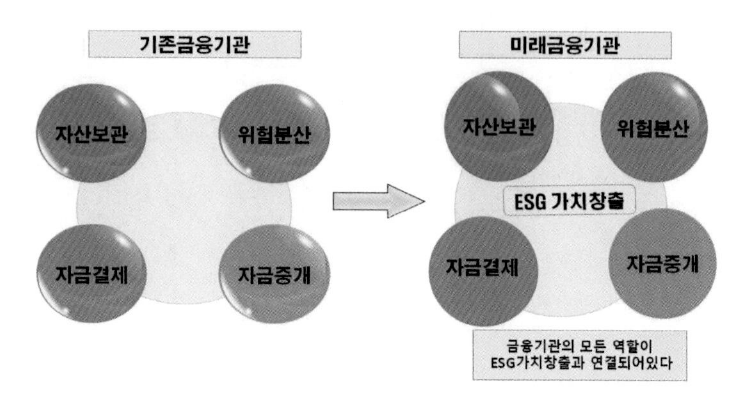

출처 : 이해관계자중심 경영, 한국경영학회, 2023, 259.에서 저자 재구성

다양한 ESG 금융 상품을 출시하여 ESG 가치 창출에 기여하는 기업으로 하여금 장기 투자를 하도록 선도한다.

ESG 경영시대에 금융기관이 가지는 이니셔티브는 세 가지 원칙에 기본을 두고 있다. 첫째, 적도원칙(EP: Equator Principle)이다. 적도원칙은 기업의 개발 사업이 환경 파괴 또는 인권 침해의 소지가 있는 경우, 금융회사들은 대출을 하지 않겠다는 자발적인 행동 규약이다. 개발 프로젝트가 주로 열대 우림 지역에서 시행되는 경우가 많기 때문에 적도원칙이라고 부른다.

아마존 열대 우림은 지구 전체 산소의 약 20%을 생성하고 있어 '지구의 허파'라 불리고 있다. 그러나 아마존 열대 우림의 황폐화가 임박했다는 분석이 나왔다. 영국 엑시터대 연구원팀은 2022년 3월, 현재 아마존 열대 우림 삼림 벌채가 갈수록 늘어감에 따라 생물다양성과 탄소 저장, 기후 변화에 심각한 영향을 미치고 있으며, 훼손된 지역의 약 75%에서 복원력 상실 징후가 발견됐다고 분석했다. 적도원칙은 2021년 4월 기준 전 세계 총 37개국에서 118개 글로벌 금융회사가 참여하고 있으며, 그 추세는 증가하고 있다. 국내 시중은행들도 산업은행, 국민은행, 신한은행이 가입했고, 다른 은행들도 적도원칙 가입을 추진하고 있다.

둘째, 금융회사들이 환경과 사회적으로 부정적인 영향을 미치는 기업에 대한 여신 및 투자의사결정 시 책임투자 활동을 하도록 하는 책임투자원칙(PRI: Principle for Responsible Investment)을 UN에서 발표했다. 유엔 책임투자원칙(UN PRI)은 환경, 사회, 지배구조 요소가 투자에 주는 영향을 파악하고, 투자 및 보유 결정에 도움이 되는 6가지 규칙이다.

책임투자 6원칙

1. **투자의사결정 과정에 ESG이슈를 적극 반영한다.**
2. **투자운용원칙에 ESG이슈를 종합적으로 반영하여 적극적인 투자자가 된다.**
3. 투자대상에게 ESG이슈에 대한 정보공개를 요구한다.
4. 금융산업의 PRI 준수와 이행을 위해 노력한다.
5. PRI의 이행에 있어서 그 효과를 증진시킬 수 있도록 상호 협력한다.
6. PRI의 이행에 대한 세부활동과 진행사항을 공개한다.

자료 : PRI, 삼성증권에서 저자 재구성

셋째, 책임투자에 있어서 적도원칙과 PRI원칙보다 ESG 금융 트랜드에 부합하는 이니셔티브는 TCFD(Task Force on Climate-related Financial Disclosures, 기후 변화 관련 재무정보공개협의체)가 권고하는 지침이다. TCFD는 기후 변화와 관련된 재무 영향 공시를 위한 가이드라인을 제공하고 있다. TCFD 가이드라인은 기업이 지속가능성보고서, 연례보고서를 작성할 때 기후 변화로 인해 직면하는 위험 및 재정적 영향을 식별하는 데 도움이 된다.

ESG는 세 가지 비재무적 요소에 대한 성과를 투자정책 수립과 투자의사결정에 반영한다. 국민연금기금이 1,000조를 넘어섰다. 국민 대다수가 연금에 가입되어 있다. 마땅히 국민연금은 지구 환경을 살리고 사회 이슈를 해결하는 기업에 투자한다. 2008년에 촉발된 금융위기 사태로 드러난 기업경영진의 도덕적 해이 문제, 2015년 파리협약 이후 지구 온난화의 심각성에 대한 인식, 2019년 코로나19로 인한 사회 양극화 현상에 따라 이해관계자자본주의가 부상했다. 인류와 기업의 지속 가능성이 위기에 봉착하자 해결 방안을 모색하기 시작했다. 과거 기업의 전통적 방식인 매출과 영업 이익 등 재무적 성과만 고려하여 투자하는 시대는 지났다. 사회가 변함에 따라 이해관계자들의 다양한 요구 수준이 봇물처럼 밀려왔다. 연금기금과 국민연금 등 대형 자산 운용사들은 환경과 지역 사회에 미치는 영향이 큰 기업에 투자하는 임팩트투자(Impact investment)를 중시 여기고, ESG 경영을 잘하는 기업에 투자한다는 방침을 세웠다. 글로벌 금융 위기와 불확실성 시대에 비재무적 요소를 잘 관리하는 기업에 투자하겠다는 새로운 기준이 마련되고 있다.

2) 스튜어드십 코드(Stewardship Code)

Stewardship Code

기관투자자가 집사(스튜어드)처럼 고객 자산을 잘 관리해야 한다는 의미	관계, 지위, 권리를 나타냄	규칙, 관례

출처 : 국민연금공단에서 저자 재구성

하버드대학교 조지프 나이 교수는 21세기는 소프트파워시대라고 정의했다. 삶의 질을 높이고 자유를 확대하기 위해서는 명령이나 강제라는 물리적인 힘보다 자발적 동기를 유발하는 소프트파워(Soft Power)가 효과적이라고 말했다.[49]

49) 권재열 외(2022), 『ESG 레볼루션』, 140p, 캐피털북스.

스튜어드십 코드는 연성규범(Soft Law)으로서 연기금과 자산운용사 등 주요 기관투자가가 기업의 의사결정에 적극 참여해 주주로서의 역할을 충실히 수행하고, 위탁받은 자금의 주인인 국민이나 고객에게 이를 투명하게 보고하는 "수탁자책임원칙"이다.

스튜어드십 코드는 영국에서 2010년 가장 먼저 도입되었고, 캐나다, 네덜란드, 일본 등 대형 공적연금이 있는 나라들을 중심으로 도입되어 현재 전 세계적으로 약 20개국이 도입하고 있다. 우리나라는 2016년 처음 도입되었으며, 4대연금(국민연금, 공무원연금, 사학연금, 우정사업본부)이 참여했다. 2018년 국민연금이 스튜어드십 코드를 채택했고, 2019년 지속 가능성 중심의 ESG 요소를 고려하는 방향으로 기금운용원칙을 개정하게 되었다. 한국의 기업지배구조는 상법, 공정거래법, 자본시장법 등을 중심으로

스튜어드십 책임과 주주권리

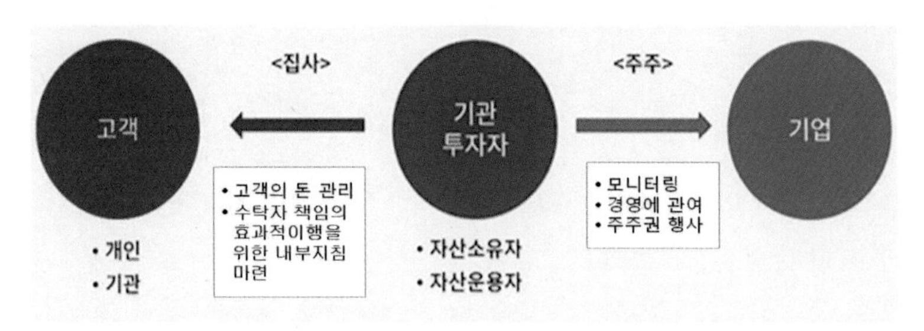

출처 : ESG 투자와 행동주의, 법률신문, 2024.04.21. 에서 저자 재구성

규율하고 있으며, 위반 시 민형사상의 책임을 지는 경성규범(Hard Law)의 통제를 받고 있다. 그러나 기업지배구조의 모든 사항을 법으로 규율할 수 없으므로 스튜어드십 코드와 같은 연성규범(Soft Law)으로 보완하자는 것이 코드 도입의 취지이다.

기관투자자는 스튜어드로서 투자기업의 주주총회에서 의사결정에 적극적으로 개입하여 주주와 기업의 이익 추구, 성장, 투명한 경영 등 기업경영 전반에 개입할 수 있게 되었다. 기관투자자는 투자대상기업을 점검하고 우려 사항이 발견되면 주주 제안, 비공개 대화, 의결권 행사 등을 통해 기업 활동의 개선과 주주 가치 제고를 적극적으로 요구한다. 스튜어드십 코드를 적용한 중요한 사례는 국민연금이 대한항공 주주총회에서 조양호 대표이사에 대한 연임 표결에서 반대표를 던져 대표이사직에서 물러나게 한 것이다. 기업 오너들이 경영권 수성을 위한 지분 확대에 치중하는 부작용을 저지한 사례가 된다.

스튜어드십 코드의 핵심은 주주행동주의에 관한 내용이다. 구체적으로 보면 "기관투자자는 피투자기업을 감시하다가 만약 피투자기업이 기관투자자의 요구에 저항하면 언제든 의결권 행사나 소송 등으로 위력을 발휘할 준비를 한다. 의결권 행사의 정책을 사전에 밝히며, 투표 활동을 공개하여 행사되는 위력의 누수 현상과 저항을 최소화해야 하며, 피투자기업의 관리를 효과적으로 수행할 수 있는 역량과 전문성을 확보해야 한다."는 주주행동주의의 원칙이 스튜어드십 코드의 핵심이다. 한국 스튜어드십 코드의 도입 목적은 세 가지로 규정된다. 첫째, 투자

대상 회사의 중장기 가치 향상 및 지속가능성장을 촉진한다. 둘째, 고객과 수익자의 중장기 이익을 도모한다. 셋째, 한국 자본시장 및 경제의 건전한 성장과 발전에 기여한다.

3) 지속 가능 ESG 투자 전략

지속 가능 투자를 위해 결성된 글로벌 지속가능성투자연합(GSIA: Global Sustainable Investment Alliance)은 지속 가능 투자를 일곱 가지로 분류하고 있다.

네거티브 스크리닝 투자의 핵심은 기업의 사회적 책임에 있으며, 글로벌 금융시장에서 36.1% 비중으로 가장 많이 사용하는 ESG 투자 전략이다. 네거티브 스크리닝은 ESG 투자 철학에 부합되지 않은 대상을 배제하는 방식이다. 투자에서 배제되는 대상 중 가장 비중이 높은 품목은 담배이며. 다음으로 무기, 술, 화석 연료 등 순으로 나타나고 있다. 반대로 ESG 성과가 양호한 기업을 선정하는 포지티브 스크리닝이 있다. 네거티브와 포지티브 전략은 주로 연기금과 같은 대형 기관투자자들이 활용한다. 그리고 노동 문제와 인권 등 국제규범에 위배되는 대상을 배제하는 규범 기반 스크리닝이 있다. 한화는 UN에서 금지하고 있는 집속탄을 생산하다가 노르웨이 연기금의 블랙리스트에 오른 적이 있었다. 이에 한화는 곧바로 집속탄 사업을 포기했고, 블랙리스트에서 빠졌다. 이들 스크리닝 투자는 ESG 기준에 따라 특정 기업을 선정하기 때문에 잘 분산된 투자 포트폴리오를 구성하기 어렵다. 따라서 높은 수익률을 올릴 기회가 줄어들고, 시장 평균 수익률 정도를 얻는다.

ESG 투자유형과 방식

<table>
<tr><th colspan="2">유형</th><th>투자방식</th><th>선호도 비중(%)</th></tr>
<tr><td rowspan="3">스크리닝 투자</td><td>네거티브 스크리닝</td><td>투자자가치에 어긋나는 기업을 투자대상에서 배제</td><td>36.1</td></tr>
<tr><td>포지티브 스크리닝</td><td>ESG 성과가 우수한 기업을 투자대상으로 선정</td><td>2.5</td></tr>
<tr><td>규범기반 스크리닝</td><td>인권 노동, 반부패 등 국제규범에 미달되는 기업을 투자대상에서 배제</td><td>14.9</td></tr>
<tr><td rowspan="2">지속가능성 통합투자</td><td>ESG통합</td><td>재무적, 비재무적성과를 종합적으로 고려하여 투자대상 선정</td><td>24.9</td></tr>
<tr><td>지속가능성 테마투자</td><td>청정에너지, 기후변화 등 지속가능성 문제를 해결하는 테마에 특화된 기업에 투자</td><td>0.8</td></tr>
<tr><td rowspan="2">목적투자 스튜어드십</td><td>임팩트투자</td><td>투자수익과 함께 사회, 환경문제에 긍정적 임팩트창출을 목적으로 하는 기업에 투자</td><td>0.6</td></tr>
<tr><td>주주관여 및 의결권행사</td><td>주주입장에서 ESG가이드라인에 따라 의결권행사에 함으로써 기업이 ESG가이드라인을 준수하도록 유도하는 방식</td><td>20.1</td></tr>
</table>

ESG 통합 스펙트럼 투자도 24.9%로 높은 선호를 나타낸다. 기업의 ESG 요인을 감안해 투자 포트폴리오를 구성하고 재무적, 비재무적 성과를 고려하여 ESG 등급이 양호한 기업들과 청정에너지, 녹색기술, 기후 변화 등에 특화된 기업들을 선정하여 지수(Index)를 구성한다. 이 방법은 상장기업의 주식과 채권에 골고루 투자한다는 이점이 있다. 주가 지수를 따라가도록 종목을 구성하므로 시장 평균 수익률보다 높은 수익률을 내지만 초과 수익률을 내지는 못한다. 지속 가능 테마 투자는 환경과 사회의 지속 가능성에 기여하는 종목에 투자하는 전략이다.

적극적 주주권과 스튜어드십의 경우 임팩트투자와 스튜어드십이 해당된다. 임팩트투자는 사회와 환경에 긍정적 영향을 창출하는 기업에 투자하여 바람직한 투자 수익을 가져온다.

스튜어드십은 주주 참여와 의결권 행사로 구분된다. 스튜어드십 활동은 일반적으로 주주 참여로 문제해결을 시도하고, 여의치 않은 경우 투표 단계로 진행된다. 투표 단계에 들어가게 되면 이미 기존 경영진과 투자자 사이에 분쟁이 발생했을 가능성이 높다.[50)]

ESG 투자 전략의 우수성에 대한 평가는 ESG 투자의 수익성과 결부된다. 지속 가능한 경영을 이루기 위해서 ESG 투자가 적절한 수익을 내지 못한다면 ESG 투자 프로젝트 자체가 지속 가능하지 못할 것이다. 수평 축은 사회적·환경적 성과, 수직 축은 재무성과를 나타내는 그래프상에 투자 유형별 성과를 비교해

50) 박태영 외(2021), 『ESG의 구조』, 234-235p, 문우사.

본다. 전통적 투자 포트폴리오는 사회적·환경적 성과와 같은 ESG 요소를 전혀 고려하지 않고 오로지 재무성과만 고려하는 투자 패턴이다. 이러한 투자는 ESG 요소를 중요시하는 이해관계자의 외면을 받게 된다. 네거티브 스크리닝 전략은 투자 대상을 인위적으로 축소하므로 투자수익률이 낮을 수밖에 없다. 네거티브 스크리닝 실무에서 도박과 관련된 주식을 배제하는 경우, 수익성이 높은 고급 호텔 카지노를 어떻게 해야 하는가 하는 어려움이 있다. 이런 관점에서 기업들이 가장 선호하는 네거티브 스크리닝 방식은 수익률도 낮고, 사회적 영향력도 크지 않으므로 상대적으로 낙후된 투자 전략이다. 오늘날 현대 포트폴리오 이론에 따르면 여러 투자 대상에 리스크를 적절히 분산시켜야 투자수익률을 높일 수 있다. 한편, ESG 포트폴리오 투자는 전통적 투자 방식보다 우월한 사회적·환경적 성과를 보이면

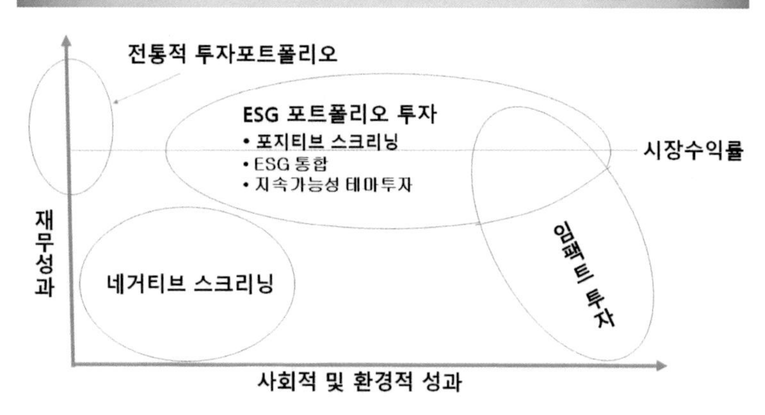

출처 : 박태영 외, ESG의 구조, 문우사, 2021, 216.에서 저자 재구성

서도 시장수익률 수준의 재무성과를 달성한다. 포지티브 스크리닝과 지속 가능성 테마 투자의 경우, 네거티브 스크리닝과 달리 투자 범위를 넓게 활용하는 방식이다. 이때 재무적 요소를 충분히 고려할 수 있어 수익성에서 우수한 ESG 통합 전략의 장점을 유연하게 받아들일 수 있다. 포트폴리오에 특정한 투자 대상을 포함하거나 테마 투자로 활용하는 것이므로 임팩트투자 전략과도 연계될 수 있다.

임팩트투자는 사회·환경 문제 해결이 최우선 과제이므로 수익성은 후순위의 고려 사항으로 밀려날 수 있다. 예를 들면 백신 개발에 투자하는 빌 & 멜린다 게이츠 재단의 투자 활동이 임팩트투자에 해당한다. 그러나 투자자인 자선재단이 재무적 안정성을 고려한 수익모델을 마련하는 데 제약이 없으므로 오히려 여타 투자 전략에 비해 수익성과 안정성이 보다 높아질 여지가 있다. 긍정적 임팩트를 창출하려는 기업 가운데 높은 수익이 예상되는 기업에 투자한다는 점에서 당연히 높은 수익률을 목표로 하고, 그 성과도 좋게 나타날 수 있다. 임팩트투자가 활성화되면 스튜어드십 코드 측면에서 수탁자 책임을 가지고 있는 기관투자자들은 경영진과의 대화, 주주 제안, 기업경영 관여를 통해 기업 가치 제고에 힘쓰게 된다.

4) 지속가능금융

기업은 지속 가능한 발전을 위해 자금 조달을 용이하게 하고, 투자를 촉진해야 한다. 이를 위해 장기적 금융 수익을 내는 활동과 투자가 필요하므로 지속가능금융이란 개념이 부각되었다. 지속가능금융의 범위는 ESG와 관련된 모든 분야를 포함한다. ESG 중 환경 분야의 금융은 온실가스 감축과 관련된 저탄소금융, 기후 변화 적응과 연관된 기후변화금융, 기타 환경에서 필요한 녹색금융이 있다. 사회 분야와 관련된 금융은 사회·환경금융으로 충당한다. ESG의 모든 영역, 즉 환경, 사회, 경제, 지배구조 영역을 아우르는 지속가능금융이 원활하게 운용될 때 지속가능 발전을 이루게 된다.

금융 분야의 ESG 트랜드는 세계 최대 자산운용사인 블랙록이 이끌어 가고 있다. 그는 최고 경영자에게 보내는 연례 서한에서 "고객의 우선순위에서 기후 변화만큼 중요한 것은 없다"고

강조했다. 그는 기업들에게 기후 변화에 대응하기 위한 장기 전략을 공개하고, ESG 정보 공시를 요구했다. 석탄과 같은 지속가능성이 없는 사업에 대한 투자를 지양하고, ESG 정보를 공개하지 않는 기업은 의결권을 행사를 통해 이사회에 책임을 묻겠다고 했다. 이에 따라 국내 금융계에서도 ESG 열풍이 불었다. 롤 모델이 있으면 일을 추진하기가 수월해진다.

국내 ESG정책의 방향은 EU정책을 벤치마킹하고 있다. 유럽이 ESG를 현실 정책에 반영하기 위한 노력을 가장 먼저, 그리고 가장 오랫동안 해 왔기 때문이다. 하지만 정작 ESG 및 기후변화 정책의 확산 속도와 강도는 미국이 키를 잡고 있다. EU가 정책의 기틀을 잡고 미국이 동참하는지에 따라 속도와 강도가 결정되는 양상이다.

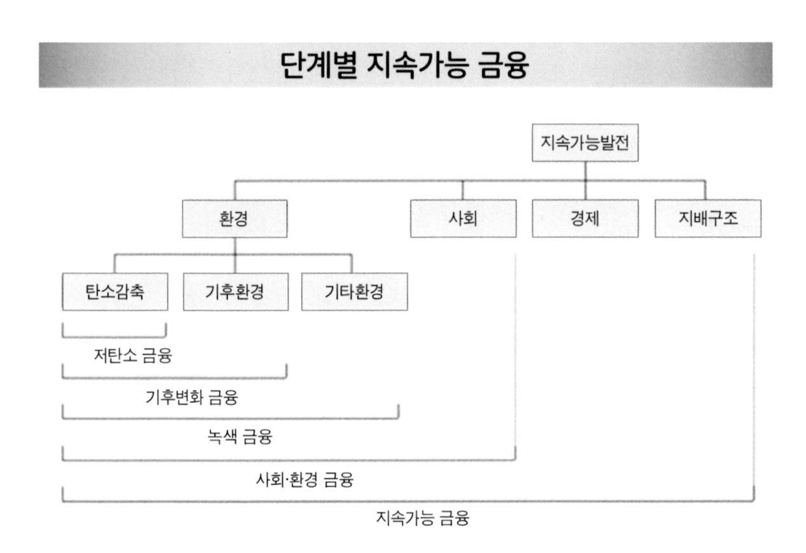

자료 : 연합인포맥스, 금감원, 금융권과 지속가능 기후금융 머리 맞댄다, 2019.에서 저자 재구성

유럽과 미국은 세계 경제의 주도권을 쥐고 있는 지역이므로 미국과 유럽이 보조를 맞춘다면 나머지 국가들은 이를 따라가지 않을 수 없는 것이 현실이다.

EU 지속가능금융목표 및 실행계획

목표	실행계획
지속가능한 녹색경제로의 자본흐름 전환	① EU 녹색분류체계 수립
	② 녹색금융 표준 및 라벨 도입
	③ 지속가능한 프로젝트에 대한 투자촉진
	④ 지속가능성을 고려한 금융자문 제공
	⑤ 지속가능성 벤치마크 개발
지속가능성을 고려한 리스크 관리	⑥ 신용평가 및 시장조사 時 지속가능성 고려
	⑦ 기관투자자 및 자산운용사의 의무에 지속가능성 포함
	⑧ 은행 및 보험사 대상 건전성 규정에 지속가능성 고려
투명성과 장기적 관점 육성	⑨ 지속가능성 공시 및 회계 규정 강화
	⑩ 지속가능한 기업지배구조 촉진 및 자본시장의 단기 성과주의 지양

출처 : EU commission, 2018에서 저자 재구성

ESG의 시작점은 금융이다. 하지만 금융기관을 1차 정책 대상으로 만들어진 ESG금융정책은 투자 기업 선정, 대출금리 반영, 의결권 및 주주권행사 등 금융기관의 활동을 통해 기업경영에 직접적인 영향을 미친다. 따라서 기업 입장에서도 ESG경영전략을 수립하고 이행하기 위해서는 ESG금융정책을 이해할 필요가

있다. EU의 지속가능금융 액션플랜을 알면 향후 국내외 ESG정책의 방향을 예측할 수 있다. 2018년 발표된 EU의 지속가능금융 액션플랜은 3가지 목적과 목적 달성을 위한 10가지 행동 계획으로 구성되어 있다.[51]

ESG 관련 규제가 강화되고 공시 기준이나 투자자 요구 수준이 점차 상향됨에 따라 기후 변화 시나리오에 따른 기업 영향 예측, 공급망 범위 내의 ESG 위험 측정 등에 대한 관심이 고조되고 있다. ESG평가는 평가 결과의 활용 목적에 따라 자본시장 ESG평가와 고객사 ESG평가로 나눌 수 있다.

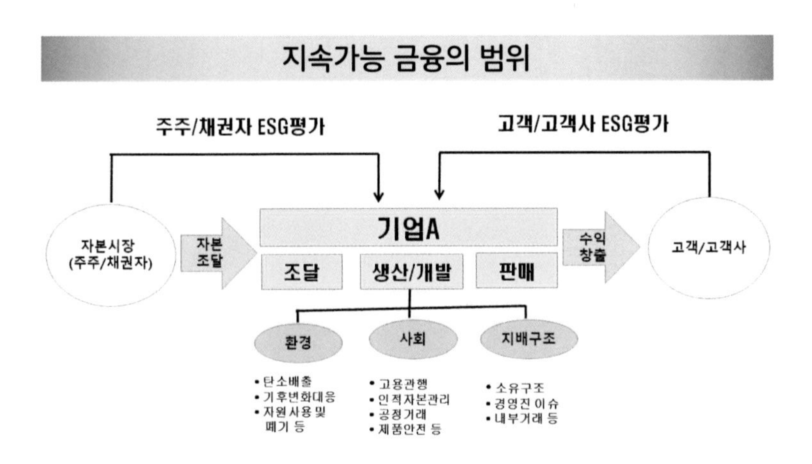

자료 : 한국공인회계사회, ESG 한권에 담았다, 2022,.184.에서 저자 재구성

51) 김태한 외(2022), 『100대 기업 ESG 담당자가 가장 자주 하는 질문』, 95-97p, 세이코리아.

자본시장 ESG 평가는 평가 등급이 피평가기업의 주식·부채 발행 등 자본 조달 측면에 영향을 주는 평가이다. 자본시장에서 ESG평가의 주체는 기업의 ESG 평가 결과를 제공하는 평가기관, 투자 대상의 ESG 수준을 직접 평가하는 투자자 그리고 금융기관이 된다. 해외 주요 자본시장 ESG 평가기관으로는 MSCI와 서스테이널리틱스 등이 있고, 국내 주요 자본시장 ESG 평가기관으로는 한국ESG기준원(KCGS)과 서스틴베스트 등이 있다.

고객·고객사에 의한 직접적인 ESG 평가도 이루어진다. 고객은 제품을 구매하는 소비자이므로 기업에 대한 ESG평가를 직접 할 수 있다. 고객사는 고객과 회사를 합친 말로서, 고객 중에서 개인이 아닌 법인회사인 고객을 말한다. 그리고 협력사는 기업 생산에 필요한 원자재, 부분품, 소모 자재, 설비, 장비 등을 공급하는 공급업체를 말한다. 고객사에 의한 ESG 평가는 기업이 생산에 필요한 수많은 부품이나 장비를 협력사로부터 공급받는 과정에서 여러 협력사들과 거래하게 되는데, 이 협력사들이 원료 조달과 제조, 생산 과정에서 부정적인 환경·사회, 이슈 없이 경영하는지 등을 점검한다. 고객사 평가를 통해서 협력사들이 기업의 통제 범위를 넘어 부품 생산 과정에서 열악한 노동환경, 불공정거래, 환경 파괴 등의 ESG 위험이 공급망 전반에 걸쳐 발생하지 않도록 관리할 수 있다. 해외 주요 고객사 ESG 평가기관으로는 RBA(Responsible Business Alliance, 책임 있는 비즈니스 연합)와 에코바디스(EcoVadis)가 있다. RBA 회원사 및 협력사는 노동, 윤리, 건강 및 안전, 환경, 경영 시스템 등 5개 부문 43개 규정으로 구성된 행동 규범의 지지를 선언하고 이를 적극 준수한다. 에코바디스는 유럽 기반의 글로벌 지속 가능 경영 평가기구 및 플랫폼으로, 평가 요소는 환경, 노동, 공정 거래, 공급망 관리 4개 영역으로 구성된다. 회원사가 자사의 협력사 평가를 요청하면 협력사는 에코바디스 플랫폼을 통해 자사의 평가 결과를 제출하게 된다.[52)]

52) 이태호(2023), 『ESG의 이해와 실천』, 185p, 율곡출판사.

5) ESG 채권과 펀드

(1) ESG 채권

채권에 투자하기 위해서는 먼저 투자 목적과 성향, 금액을 결정하고, 다양한 채권 종류와 만기, 수익률 등을 고려하여 투자자에게 적합한 채권을 선택하게 된다.

ESG 채권은 환경과 사회 친화적 사업을 위한 자금조달 수단으로 발행된다. 기업은 지속가능경영을 이루기 위한 사업에 필요한 자금을 조달하기 위해 ESG 채권을 발행한다. ESG 경영이 확대됨에 따라 글로벌 ESG 채권시장의 중요성은 매우 커질 전망이다. ESG 금융의 대부분을 차지하는 ESG 채권은 환경, 사회, 지배구조 개선 등을 목적으로 발행된다. ESG 채권은 녹색채권(Green Bond), 사회적채권(Social Bond), 지속가능채권(Sustainability Bond), 지속가능연계채권(SLB: Sustainability-Linked

Bonds) 등으로 분류된다. 녹색채권은 친환경 재생에너지 프로젝트에 투자할 자금을 위해 발행하는 채권이다. 구체적으로 재생에너지, 생물다양성, 전기자동차, 청정 운송 수단, 폐기물 관리 등을 위해 필요한 자금 조달을 위해 발행되는 특수 목적 채권이다. 특히 국가, 지방자치단체, 금융회사, 기업 등이 국내외 친환경 프로젝트, 인프라 사업을 위해 발행되는 경우가 많다. 파리기후협정에서 정한 탄소 배출 목표치를 맞추기 위해 각국 정부와 공기업이 녹색채권을 발행하여 자금조달에 나서고 있다. 사회적채권은 사회 기반 시설이나 지속 가능한 프로젝트에 대한 자금 조달을 목적으로 발행되는 채권이다. 즉 취약 계층 지원, 일자리 창출, 인프라 구축, 중소기업 육성 등과 같은 사회적 문제 해결에 필요한 자금을 조달하고자 발행되는 특수목적채권이다. 지속가능채권은 녹색채권과 사회적채권이 결합된 형태로, 친환경적이고 사회적 가치를 창출하는 사업에 한정하여 발행하는 채권이다.

지속가능연계채권(SLB: Sustainability-Linked Bonds)은 발행기관이 사전 정의 된 지속 가능성과 ESG 목표를 달성하는지 여부에 따라 재무적 및 구조적 특성이 변경될 수 있는 모든 종류의 채권을 의미한다. ESG 채권은 자금 활용 범위가 특정 프로젝트에 한정되는 단점이 있는 반면, SLB는 자금 활용 용도가 넓어서 많은 기업들이 환경·사회적 문제 개선을 위해 SLB를 활용한다.[53]

53) 이태호(2023), 『ESG의 이해와 실천』, 185p, 율곡출판사.

ESG 채권 유형과 원칙

채권유형	세부내용	원칙
녹색채권	기후변화 및 환경개선 목적	녹색채권원칙(GBP), 시후채권 표준(CBS), 한국형녹색채권 가이드라인(K-GBG), JP GBG, EU GBS
사회적 채권	일자리, 인프라, 사회가치 창출 목적	사회적 채권원칙(SBP), JP SBG, EU SURE
지속가능채권	환경 및 사회적 목적	지속가능채권 가이드라인(SBG)
지속가능 연계채권	환경사회지배구조 목표치와 연동하여 이자율산정	지속가능연계채권원칙(SLBP)

출처 : 2022 한국ESG 금융백서, KOREA ESG FINANCE WHITE PAPER, 24에서 저자 수정

전 세계적으로 ESG 채권 시장에 막대한 자금 공급이 있었으나, 코로나19로 인해 2022년 이후 ESG채권 시장이 위축되었고, 이러한 추세는 당분간 계속될 것으로 전망된다.

유럽 ESG 채권발행 Big 6 발행추이 2022-2024

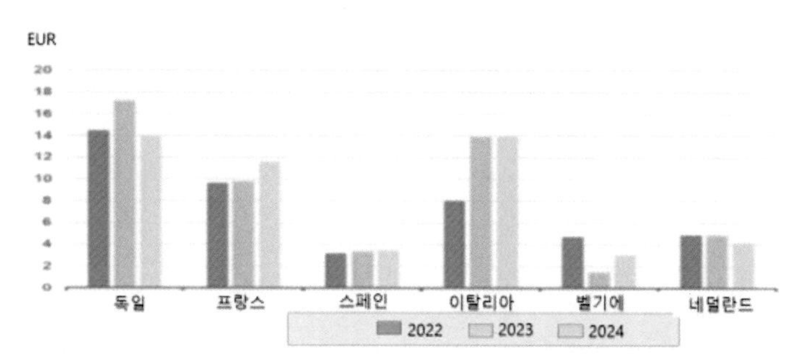

출처 : Bloomberg ABN AMRO, Group Economicss 에서 저자 재구성

또한 2023년까지 엄청난 ESG채권 발행량을 기록한 네덜란드를 비롯한 유럽의 2024년 ESG 채권 발행이 감소할 것으로 기대된다.

글로벌 ESG 공급추이 및 전망 2018-2024

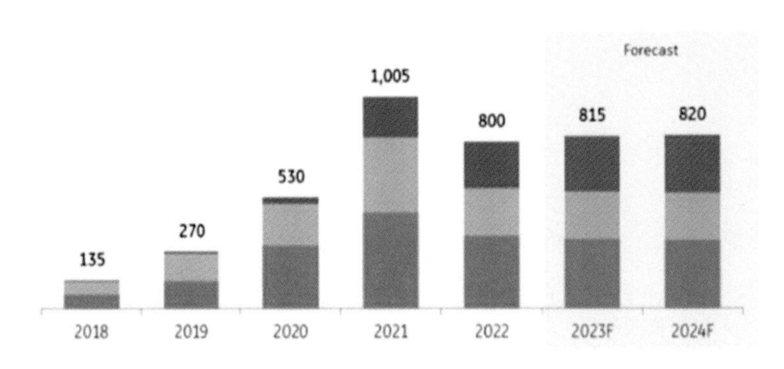

출처 : Bloomberg BNEF, ING forecasts에서 저자 재구성

(2) ESG 펀드

글로벌 주식시장에서 ESG 요소를 가장 적극적으로 반영하는 분야는 주식시장지수(stock market index)와 상장지수펀드(Exchange Traded Fund, ETF)이다. 상장지수펀드는 특정 지수를 추종하는 인덱스펀드를 거래소에 상장시켜 주식처럼 거래할 수 있도록 만든 펀드이다. 기관투자자와 개인투자자 모두가 상장지수펀드를 통해 ESG 투자를 할 수 있기 때문에 글로벌 자산운

용사들은 ESG 관련 다양한 ETF 상품을 출시하고 있다. 국내 주식시장 ESG 지수는 민간금융기업보다 한국거래소(Korea Exchange, KRX)를 중심으로 개발 및 산출되고 있다. 한국거래소의 ESG 관련 지수는 총 6개이다. 이 중 ESG 통합 지수는 KRX ESG 리더스 150, 코스피 200 ESG이고, 나머지 4개 지수는 환경 2개, 사회 1개, 지배구조 1개에 특화된 것이다.

5

ESG 이니셔티브

이니셔티브(Initiative)는 문제 해결이나 목적 달성을 위한 행동 가이드라인 또는 자발적 계획을 의미한다. ESG 문제 해결을 위한 이니셔티브에는 규범, 계획, 협의체, 프로젝트, 가이드라인 등이 총체적으로 포함되어 있다. ESG 이니셔티브는 공시(Disclosure), 검증(Assurance), 평가(Rating), 인증(Certification)의 네 가지 기준에 따라 여러 기관이 각자의 계획안을 가지고 있다.

국내 기업들의 ESG 관련 공시가 점차적으로 의무화된다.

ESG 단계별 이니셔티브 기관

2026년부터 자산 2조 원 이상의 코스피 상장사는 ESG 정보를 의무적으로 공시해야 하며, 2030년부터는 코스피 상장사 전체로 확대된다.

영어에 알파벳 수프(alphabet soup)라는 숙어가 있다. 약어 형태의 단어·이름이 난립해 이해하기 어려운 상황을 빗댄 표현이다. ESG 분야에는 수십 가지의 알파벳 수프가 등장한다. 현재 기업들이 ESG 지속가능보고서를 작성할 때 가장 많이 참고하는 알파벳 수프는 GRI Standards, SASB, TCFD, ISSB 등이다. 프랑스 파리에 본사를 둔 에코바디스(ecovadis)는 환경, 노동, 인권, 윤리, 지속 가능한 조달 등 주요 카테고리를 기준으로 기업의 지속 가능성 성과를 평가하는 기관이다. 최근 들어 EU의 공급망 실사가 의무화되면서 공급업체의 CSR 평가에 대한 요구가 증가하고 있다. 당사자 평가는 해당 기업이 직접 자료를 받아 평가한 후 인증해야 하지만, 에코바디스는 제3자 평가로 공급망 내 중계평가 서비스를 제공하는 것이 특징이며, 활용도가 높아지고 있다.[54]

실제 ESG 투자가 자본시장에서 이루어지는 프로세스를 보면 그림과 같다. 첫째, 기업은 경영 활동을 통해 다양한 경제적 가치와 사회적 가치를 창출한다. 둘째, GRI, SASB, TCFD, ISSB 등 국제 표준화 기준을 적용하여 지속가능성보고서를 발간하고

54) 강지수 외(2022), 『2050 ESG 혁명』, 322p, RAONBOOK.

ESG 투자 프로세스

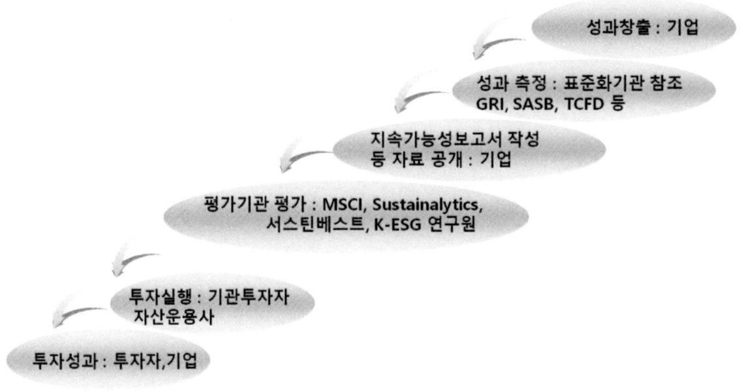

외부에 공개한다. 셋째, 국제 등급평가기관인 MSCI, Sustainalytics 등과 국내 평가기관인 서스틴베스트와 K-ESG 연구원 등은 공개된 자료를 근거로 각 기업의 ESG 등급을 평가한다. 넷째, 기관투자자와 자산운용사는 평가 등급을 보고 투자를 실행하고, 관련 금융상품을 개발하여 판매한다. 다섯째, ESG 투자가 목표로 했던 재무성과를 거두었는지, 기업의 ESG 활동의 개선점이 있는지 등을 평가한다.[55]

55) 조신(2021), 『넥스트 자본주의, ESG』, 179-180p, 사회평론.

1) ESG 정보의 공시

ESG 정보는 특성상 기업이 정확한 자료를 외부 이해관계자에게 제공하지 않으면 이해관계자는 관련 정보를 다른 곳에서 얻기 어렵다. 따라서 기업은 공시를 통해 투명하고 정확한 정보를 전달할 필요가 있다.[56)]

정보 수집 및 작성 과정에서 정보의 보고 범위를 명시하고 정확성을 확보하고 한다. 이를 위해 일반적으로 요구되는 원칙은 정확성(Accuracy), 명확성(Clarity), 비교가능성(Comparability), 정보의 균형(Balance), 검증가능성(Verifiability), 적시성(Timeliness)이다. 첫째, ESG 정보는 이해관계자가 기업 성과를 평가할 수 있도록 정확해야 한다. 정보작성자는 정성적 정보와 정량적 정보를 체계적으로 관리하여 오류나 누락을 방지하고, 이해관계자

56) 강진영 외(2021), 『ESG 바로보기: 경영진을 위한 ESG 안내서』, KICPA(한국공인회계사회).

가 기업 성과를 평가할 수 있도록 정확하게 기록한다. 둘째, 이해관계자의 요구에 맞는 정보를 명확하게 제공한다. 실적이 없는 워싱이나 잘못된 정보로 인한 오해가 발생하지 않도록 한다. 셋째, 정보는 이해관계자가 기업 목표와 성과를 다른 기업과 비교할 수 있도록 글로벌 표준을 적용하고, 지표의 산출 방법을 제시하여야 한다. 넷째, 대개 부정적인 이슈는 축소하고 긍정적인 활동을 부각하는 경향이 있는데, 기업에 유리한 정보와 불리한 정보를 모두 보고서에 포함하여 정보의 균형을 이룬다. 다섯째, 독립적인 제3자 검증기관의 검증을 거쳐 보고서의 품질을 높이고 검증 기준, 범위 및 과정을 보고서에 명시한다. 여섯째, ESG 정보의 공개 시기는 재무보고서 발간 이후 최대한 빠른 시기에 공개하도록 하는 것이 바람직하다.[57)]

ESG정보공개 원칙

정확성(Accuracy)	명확성(Clarity)	비교가능성(Comparability)
균형(Balance)	검증가능성(Verifiability)	적시성(Timeliness)

ESG평가기관 중 하나인 무디스의 국가별 ESG 평가 점수에 의하면 한국은 평가 대상 17개국 중 가장 낮은 수준이다. 이는 국내 기업의 ESG 성과가 국제적 눈높이에 미치지 못하고 있고,

57) 강지수 외(2022), 『2050 ESG 혁명』, 103-105p, RAONBOOK.

신용등급에 반영되는 ESG 요인
3대 신용평가회사

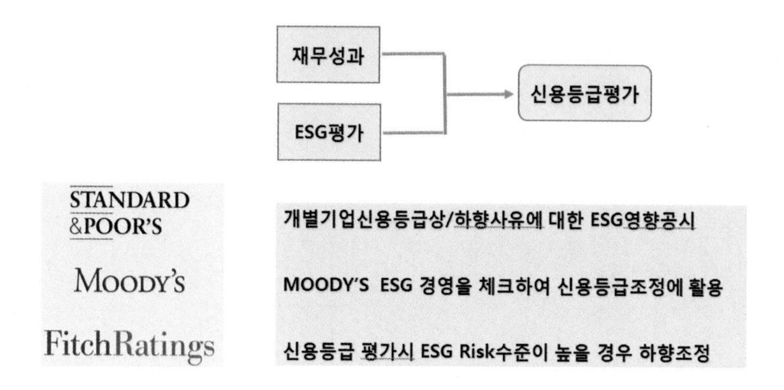

성과 관리와 위험관리에 미흡하다는 점을 시사한다.[58] 세계 3대 신용평가회사는 STANDARD & POOR'S, MOODY'S, Fitch Rating인데, 이들은 신용 등급을 평가할 때 ESG 요인을 반영한다. 재무성과와 ESG 평가 내용을 신용 평가 등급에 반영한다.

(1) GRI 기준

GRI(Global Reporting Initiative)는 기후 변화와 관련된 위험을 파악, 평가, 관리하기 위한 이니셔티브다. GRI는 전 세계적으로 통용되는 가장 권위 있는 지속가능성보고서 가이드라인을 제정 및 운영하는 기관이다. 비영리기구로서 2000년 지속 가능성

58) 문진영 외(2022), 『국제사회의 ESG 대응과 한국의 과제』, 대외경제정책연구원(KIEP).

보고를 위한 GRI 가이드라인을 최초로 제시한 이래 계속 업데이트해 2016년, GRI표준으로 명칭을 바꾸었다. 오늘날 100여 개국 이상 1만 5천여 개 기업이 GRI표준에 따라 지속가능성경영보고서를 작성하고 있을 정도로 널리 쓰이고 있다.

그 구성 항목을 보면 100번대 항목에서 101은 일종의 작성 지침이고, 102와 103은 모든 기업이 공통으로 작성해야 하는 항목이다. 102는 일반적인 사항과 지배구조에 관한 항목이다. 103은 중요한 주제에 포함되는 항목과 이들을 관리하는 경영 방침에 관한 항목이다. 나머지 200, 300, 400번대는 각각 경제, 환경, 사회 성과에 대한 항목이다.[59]

GRI (Global Reporting Initiative) 표준구조

출처 : GRI, Sustainability reporting standards 2020에서 저자 수정

59) 조신(2021), 『넥스트 자본주의, ESG』, 193-194p, 사회평론.

CSR·ESG 경영 시스템을 위한 국제 표준 성격의 GRI 가이드라인이 2000년 6월 발표된 이래 GRI G2, G3, G4로 발전하면서 2016년 최종 버전인 GRI 표준이 발표됐다. GRI 가이드라인의 특징은 지속가능성보고서 작성을 위한 보고 지침과 가이드라인의 성격을 가지고 있다. 지속 가능한 미래를 건설하는 과제는 모두에게 공유된 책임이다. 사람들 및 지구와 장기적인 기업 전략을 일치시키는 방식으로 사업을 수행함으로써 기업은 자신의 역할을 수행해야 한다. 기업이 지속 가능한 발전에 기여하려면 기업의 긍정적이고 부정적인 영향을 투명하게 객관적인 방식으로 관리해야 한다. 이해관계자의 정보 요구 사항과 기업의 요구를 반영하는 글로벌 솔루션에 대한 요구가 증가하고 있다. 지속가능성 보고서를 통해 기업의 경제적, 환경적, 사회적 영향을 공개한다. GRI 표준은 전 세계 정부, 금융시장 규제 기관 및 증권 거래소가 가장 자주 언급하는 지속 가능성 보고 표준이다. GRI의 목표는 모든 조직의 환경, 사회, 경제적 성과에 대한 정형화, 비교 가능성을 높여 재무보고서의 수준으로까지 만드는 데 있다.

(2) TCFD 기준

TCFD(Task force on Climate-related Financial Disclosures)는 기업에 영향을 미칠 수 있는 기후 변화의 위험과 기회 요인을 수치화하고, 재무적으로 통합하는 기후 변화 관련 재무정보공개

협의체이다. 기후 변화 재무 정보 공시의 기본이 된 TCFD 권고 지침은 기후 변화로 인한 위험과 기회가 기업에 미칠 재무적 영향을 공시하도록 고안되었다. TCFD 권고 지침은 중·장기적 관점에서 지구 온도가 상승하는 경우, 기업이 직면할 수 있는 시나리오를 분석하고 이에 따른 물리적 및 이행 리스크에 대응하기 위한 지배구조, 리스크 관리, 전략, 감축 목표 등 4가지 주요 항목과 세부 지침을 권고한다.

TCFD 권고지침

지배구조	전략	리스크 관리	지표와 목표
기후 관련 위험 및 기회를 평가하고 관리하는 데 있어 이사회의 감독 및 경영진의 역할을 공개해야 한다.	기후 관련 위험과 기회(단기, 중기, 장기), 비즈니스, 전략, 재무 계획 및 기업 거버넌스에 미치는 잠재적 영향을 공개해야한다.	기후 관련 위험을 식별, 평가 및 관리하는 프로세스와 이것이 전체 위험 관리 프로세스 및 전략에 어떻게 통합되는지 공개해야한다.	기후변화 리스크관리를 위한 지표와 탄소감축목표, 세가지 배출 범주 Scope1,2,3와 관련된 목표치를 공개해야한다.

TCFD 권고 지침은 지구 온도가 장차 2도 상승하거나 특정 자연재해가 발생하는 경우, 기업이 직면할 수 있는 상황을 시나리오 분석하여 리스크에 따른 재무적 영향을 공시하도록 하고 있다.

(3) SASB 기준

ESG와 관련된 국제기구인 지속가능회계기준위원회(SASB: Sustainability Accounting Standards Board)는 2011년 세워진 비

영리기구이다. SASB는 ESG와 같은 비재무적 요소들을 공시하는 기준을 설정했다. 투자자들이 활용할 수 있는 비재무적 정보와 산업별로 지속 가능 이슈에 대한 기준을 제시하고 있다. 이 이슈는 환경, 사회적 자본, 인적 자본, 비즈니스모델과 혁신, 리더십과 지배구조 등 5개 부문에 대해 항목별 기준을 제시하고 있다.

SASB 중요항목별 체크리스트

영역	항목	영역	항목
환경	온실가스배출	인적자본	근로관행
	공기의 질		종업원건강 및 안전
	에너지관리		직원참여, 다양성, 포용
	물과 폐수관리	비즈니스 모델과 혁신	제품디자인 및 라이프사이클 관리
	폐기물과 위험물질관리		비즈니스 모델 회복탄력성
			공급체인관리
	생태계영향		원료조달 및 효율성
사회적 자본	인권과 공동체관리		기후변화의 물리적 영향
	고객프라이버시	리더십과 지배구조	비즈니스 윤리
	데이터보안		경쟁적 행위
	접근 및 가용성		규제환경관리
	상품 질과 안전		사고위험관리
	판매관행		체계적 위험(systematic risk) 관리

출처 : 이해관계자자본주의, 최남수, 121에서 저자 수정

(4) ISSB 기준

ESG와 관련하여 다수의 이니셔티브와 공시 기준이 존재하는 것은 다양한 이해관계자들의 니즈가 존재하고 우선하는 주제가 조금씩 다르기 때문이다. 하지만 ESG를 하는 기업이나 ESG를 요구하는 투자자, 정부, 사회, 이해관계자 모두에게 각기 다른 기준과 정보는 혼선을 가져올 수 있다. 따라서 지속 가능성과 ESG의 진전을 위해서는 일관된 글로벌 표준이 필요하다. 표준화 기준은 국제회계기준위원회와 다양한 이니셔티브에서 논의되었고, 가장 진전을 보인 것은 ISSB(International Sustainability Standards Board, 국제지속가능성기준위원회)이다. 2021년 11월, 유엔기후변화협약 총회에서 IFRS(국제회계기준)재단은 ISSB를 설립하여 글로벌 표준을 만들기 시작했다. 과거부터 논란이 되어 왔던 다수의 기준, 측정 방법의 비효율성을 해결하고, 지속가능 정보의 일관성 및 비교 가능성을 높일 수 있는 글로벌 표준을 만들게 되었다. 이를 위해 ISSB에 가장 많이 활용된 ESG 공시 3가지는 GRI, TCFD, SASB이다. 이때까지는 기업들이 지속가능경영보고서를 만들 때 GRI, TCFD, SASB 기준 가운데 하나를 선택하거나 3가지 기준별로 각각의 보고서를 적성했는데, 이제는 글로벌 표준인 ISSB를 기준으로 보고서를 완성할 수 있게 되었다.[60]

---

60) 김용섭(2022), 『ESG 2.0』, 168-171p, 퍼블리온.

(5) ISO 체계

ISO는 제품과 서비스의 국제적 교환을 촉진하기 위해 설립된 제네바에 본부를 둔 국제표준화기구(ISO: International Organization for Standardization)이다. ISO는 제반 설비와 활동의 표준화를 위한 국제 규격을 제시하고 지적, 과학적, 기술적, 경제적인 분야에서 국제간 교류 증진을 목적으로 한다. 따라서 ISO에 참여하고 있다는 사실만으로도 국제 규격을 준수하고, 이를 유지하고 있다는 사실을 보증해 줌으로써 비즈니스 확장 기회를 얻을 수 있다. 국내 인증의 역사를 보면 1962년 KS인증제도가 처음 도입되었다. 제품의 안전성과 우수성을 보증하는 KS마크는 생활 환경의 보호와 소비자 안전을 도모함으로써 국민 경제 발전에 기여해 왔다. KS는 한국산업 표준 규격인 반면, ISO는 국제표준규격이다. ISO 인증 획득으로 얻는 효과는 3가지이다. 첫째, 업무의 책임 분야가 명확해지므로 담당자의 전문성을 키울 수 있다. 둘째, 담당해야 할 업무가 명확히 구분됨에 따라 불필요한 업무가 사라지고, 업무의 질이 향상된다. 셋째, 안전사고 예방과 고객만족효과를 기대할 수 있다.

각 파트별 필요한 업무에 따른 ISO 경영시스템이 있다. 그중에서 ESG에 관한 표준 가이드라인은 ISO 26000이다. ISO 26000은 사회적 책임경영의 국제표준으로, 2010년 11월에 제정되었다. ISO 26000은 기업은 물론 국가 기관, NGO 등 모든 조직에 적용할 수 있도록 개발된 연성규범(Soft Law)이다. 따라서 ISO 26000은 법적 강제력을 갖지 않으나, 간접적으로 사회 구성원의 행위에 실질적인 영향력을 미친다.

ESG 관련 ISO 인증

ENVIRONMENT	SOCIAL	GOVERNANCE
· 기후 변화 및 탄소배출	· 고객만족	· 이사회 구성
· 환경오염	· 데이터 보호 및 프라이버시	· 감사위원회 구조
· 대기 및 수질오염	· 성별 및 다양성	· 뇌물 및 부패
· 생물의 다양성	· 지역 사회 관계	· 로비 및 정치 기부금
· 삼림 벌채	· 인권	· 기업 윤리
· 에너지 효율	· 노동기준	
· 폐기물 관리	· 공급망 관리	
· 물 부족		
ISO 14001(환경경영시스템)	ISO 26000(CSR)	ISO 37001(부패방지경영시스템)
ISO 9001(품질경영시스템)	ISO 45001(안전보건경영)	ISO 37301(준법경영시스템)
ISO 50001(에너지경영시스템)	ISO 22301(업무연속성관리)	ISO 31000(리스크관리)
ISO 22000(식품안전경영시스템)	ISO/IEC 27001(정보보호경영)	ISO 32210(재무회계)

ISO 26000은 사회적 책임을 이행하고 커뮤니케이션을 제고하는 방법에 관한 지침을 제공한다. ISO 26000은 ESG 실행을 위한 가장 기본적인 글로벌 가이드라인이다.

ISO 26000의 핵심 주제는 지배구조, 환경, 인권, 노동 관행, 지역 사회 참여 및 개발, 공정 거래, 소비자이슈 등이고, 이에 대한 실행 지침과 권고 사항 등을 담고 있다. 이들 원칙의 내용은 GRI의 지속가능성보고서 권장 사항과 UN 글로벌 콤팩트의 10대 원칙 등이 모두 포괄되어 있다. 사회 부문의 핵심 과제에는 인권, 노동관행, 공정한 운영관행, 소비자이슈 및 지역사회 참여와 발전에 관한 다양한 규범을 제시하고 있다. CSR은 ISO

26000을 기본으로 하고, UN 및 RBA 등의 가이드를 준수하면서 만들어진다. ISO 26000이 타 인증과 다른 점은 단지 기업의 사회적 책임(CSR, Corporate Social Responsibility)을 넘어서서 국가, 공공, 기업, 민간, 영리·비영리단체 등 사회 모든 조직에 대한 사회적 책임 지침(SR, Social Responsibility)이란 점이다. ISO 26000은 지속가능성경영보고서를 작성하는 데 가장 중요한 지침이 된다.

ISO26000 7대 핵심주제

핵심주제	내용
지배구조	• 의사결정과 실행시 사회적 책임의 원칙과 실행지침을 따를 것을 권고
인권	• UN 인권선언과 ISO의 노동권 보호 관련 집회와 결사의 자유보장, 강제노동 금지, 아동노동 금지, 고용/직장에서의 차별금지등 준수권고
노동관행	• 고용및 노동에 대한 정책과 실행 단계의 모든 관행 포함
환경	• 기업 활동의 결과가 환경에 미치는 영향을 최소화 하도록 공해방지, 자원의 효율적 사용
공정한 운영 관행	• 반부패, 공정한 경제, 지적재산권을 포함한 타인의 재산권 존중 등 타 조직/개인/기관과 관계에서의 도덕적 규범
소비자 이슈	• 제품과 서비스를 구매한 소비자에 공정하고 투명한 마케팅, 정보제공, 투명한 계약 체결 • 자발적 리콜등 소비자 제품/서비스를 안전하게 사용 • 고객정보의 보호, 제품과 서비스 사용전 고지사항에 대한 충분한 제공 및 교육
지역사회 참여와 발전	• 지역사회의 빈곤 문제 해결과 사회적 발전에 기여 • 지역사회의 참여와 고용증진, 복지강화와 지역사회 발전을 위한 책임있는투자

출처 : ISO 26000 7대원칙 및 핵심주제, 해오름경영컨설팅에서 저자 수정

일곱 가지 핵심 원칙 중 조직거버넌스(Organizational Governance)는 조직이 사회적 책임을 다하고 있는지를 점검하는 핵심적인 프레임이다. 기업은 조직 활동과 관련한 의사 결정을 할 때는 이해관계자에게 미칠 수 있는 영향을 우선 고려하고 관리해야 한다. 이해관계자의 범주에는 기업의 결정 사항과 활동에 관심을 가지고 있는 개개인 및 집단, 그리고 협력업체와 공급업자도 포함된다.

2) 지속가능성보고서

지속가능성보고서는 비재무적 성과 정보, 즉 환경, 사회, 경제 및 지배구조문제에 관한 질적 및 양적 정보를 조직의 외부자에게 공개하는 것을 말한다. 지속가능성보고서는 사회적 책임 프로그램 및 위험관리에 대한 투명한 공개를 통해 소비자 신뢰를 구축하고, 기업의 평판을 개선하는 데 도움이 된다. EU에서는 기업이 지속가능성보고서를 의무적으로 보고하도록 비재무보고지침(NFRD, Non-Financial Reporting Directive)에 규정하였고, 최근 개정되어 기업 지속가능성보고지침(CSRD, Corporate Sustainability Reporting Directive)으로 이름이 변경되었다.

글로벌 ESG 공시기구는 지속 가능성과 기후 관련 공시와 함께 비재무 정보 공개를 의무화하고 있다. 빅 3는 국제지속가능성기준위원회(ISSB), 유럽의 지속가능정보공개 방침(CSRD) 그리고 미국 증권거래위원회(Securities and Exchange Commission,

SEC)이다. 글로벌 ESG 공시는 투자자, 기업, 국가, 금융기관 등에 중요한 의미를 가진다.

외부에 공개된 ESG 경영 활동은 지속 가능성 등급 판정의 기준이 된다. ESG 경영을 원활하게 하기 위해서는 ESG위원회를 만들어 과제를 도출한 뒤 실행에 옮기고, 이를 주기적으로 지속가능성보고서에 반영하여 외부에 공개한다. 지속가능성보고서와 언론 등의 평가, 글로벌 이니셔티브 가입 여부 등을 바탕으로 ESG 평가를 받는다. 비재무적 평가인 ESG 등급은 재무적 평가인 신용 등급과 함께 경영 능력과 투자자의 판단 기준이 된다. ESG 경영의 실행 단계에서는 관련 국제기구들이 정한 규정을 준수해야 한다.

지속가능보고서를 작성하는 과정에서 기업이 따라야 하는 기준은 지속가능보고기준(GRI), 지속가능성회계기준위원회(SASB), 기후변화관련재무정보공개협의체(TCFD) 등이다. 국제통합보고위원회(IIRS), 탄소공개프로젝트(CDP) 등 관련 기준도 면밀히 검토하여 반영해야 한다. ISSB는 GRI와 함께 ESG 기준의 양대 축이다.

국내 기업들은 과제 도출 과정에서 한국ESG경영원(KCGS)의 ESG 모범 규준과 K-ESG 가이드라인을 참조한다. 특히 K-ESG 가이드라인은 전 세계 주요 평가기관에서 제시하는 3000여 개 지표와 측정 항목을 수집하고, 국내 전문가의 의견 수렴을 거친 후 61개 기준으로 정리한 ESG 경영 기본 지침이다. 지속가능성보고서에는 기준 제시 기관의 ESG 분야별 실행 내용을 따르고 있으며, 제3자 검증기관의 검증기준이 고려돼야 한다. 대표 검증기관은 영국 비영리단체 어카운터빌리티(AA, AccountAbility)와 국제회계사 연맹 산하의 ISAE(국제인증업무기준)이다. 국내 대기업과 공기업 등이 지속가능경영보고서에서 가장 많이 활용하는 기준은 어카운터빌리티로서 인증보고서의 80%가 이를 사용하고 있다.[61]

지속가능성경영은 기업이 장기적으로 존속하고 수익성 및 성장을 달성하는 것을 목표로 한다. ESG는 환경·사회 문제·지배구조를 고려하여 이해관계자와의 소통을 이루는 데 의미를 둔다. 지속 가능성을 이루기 위해서 ESG가 필요조건이지만 충분조건은 아니다. 지속가능성경영을 달성하기 위해서는 ESG 요소 외에 비재무적인 정성적 요소를 이해관계자와 투자자가 판단할 수 있도록 정량적 지표로 전환하고 디지털 전환을 이루어야 하는데, 이는 ESG 영역을 벗어난다. 그러므로 지속 가능성을 이루기 위해서는 ESG 외 더 많은 영역이 포함된다. 재무적 수익 극대화의 목표를 가지고 있는 기업경영과 동떨어진 환경, 사회, 지배구조라는 세 가지 트렌드가 전 세계를 흔드는 시대가 되었다. 지속가능성보고서는 기업의 ESG 성과와 전략을 집대성한 보고서이므로 ESG 경영의 기본이다. ESG 평가기관은 물론 투자자들도 이 보고서를 토대로 기업의 ESG 경영 수준을 파악한다. 지속가능성보고서는 투자자, 고객, 대중을 포함한 이해관계자들에게 기업의 비재무적 성과와 지표를 공개하는 문서이다. 보고서를 잘 작성하기 위해서는 첫째, GRI, SASB, TCFD, ISSB 등 보고서 작성 기준을 제시한 국제기구의 작성 지침을 숙지하

61) 이종재(2022.6.9.), 공공기관의 디테일 대응, 정책에 달렸다, 데일리임팩트.

고, 보고서의 구조를 잡아야 한다. 다른 기업의 보고서를 참고하는 것도 필요하다. 둘째, 최고경영자의 회사 소개와 메시지에 이어 고객, 투자자, 구성원, 지역 사회 등 이해관계자의 이익을 위해 어떤 노력을 하고 있는지를 기술한다. 기업이 사회적 가치를 실현하기 위한 경영 전략과 기업의 기술력을 소개한다. 셋째, 지속가능성보고서의 세부 내용은 데이터에 의한 수치로 증거를 보여 주어야 하며, 자연스러운 스토리텔링으로 전개하는 것이 좋다.

지속가능경영보고서 의무화 추진일정

코스피 상장사 대상

1단계 (~2025년)	자율공시 활성화
2단계 (2025~2030년)	기업규모별 의무공시 대상 확대
3단계 (2030년~)	전 코스피 상장사 의무공시

자료 : 금융위원회

금융위원회가 발표한 지속가능경영보고서의 의무화 계획에 따르면 2025년 이전까지는 자율공시활성화고, 2025년부터 2030년까지는 기업 규모별 의무 공시 대상을 확대하고, 2030년에는 코스피 모든 상장사에 대해서 지속가능경영보고서의 공시 의무가 확대될 예정이다.

현재 의무적인 공시 대상인 보고서는 사업보고서(재무제표 포함)와 기업지배구조보고서인데, 제출 기한은 각각 3월 말과 5월 말이다. 하지만 지속가능경영보고서 공표는 환경부의 탄소 배출량 인증 기간인 6월경이 지나야 하므로 대부분 7월경에 집중되는 현상을 보인다.

ESG 보고와 재무 보고의 차이는 우선 보고서 명칭이 지속가능보고서와 사업보고서로 구분된다.

ESG보고와 재무보고 비교

구분	ESG보고	재무보고(재무제표)
보고서 명칭	지속가능경영보고서	사업보고서(연차, 반기, 분기보고서)
보고기준	GPI보고	국제회계기준(K-IFRS)
인증여부	국내외 인증기관(선택적) → 제3자 검증의견서	외부감사인의 감사(의무사항) → 감사보고서
외부평가	ESG 평가등급 부여시 활용	신용평가 등 외부평가시 활용

출처 : ESG레볼루션, 권재열외, 캐피털북스, 2022, 297.

ESG의 보고 기준은 GPI이지만, 재무보고는 국제회계기준이다. 또한 ESG 보고는 제3자 검증의견서가 선택적으로 필요하지만, 재무보고는 외부 감사인의 감사보고서가 의무 사항이다. 지속가능보고서는 ESG 평가 등급을 부여할 때 활용되지만, 제무제표는 신용평가 등 외부 평가 시 활용된다.

3) 국내외 평가기관

ESG 평가기관은 전 세계적으로 130개 정도가 활동하고 있으며, 지역에서 활동하는 기관까지 합하면 600개가 넘는다. 국내로만 한정하면 30~40여 개의 기관이 있는 것으로 알려졌다.

ESG 평가와 관련해 평가기관마다 평가 지표가 다르고, 세부항목과 내용이 달라 동일기업에 대해 상이한 평가가 나오는 경

국내외 주요 ESG 관련 평가기관 현황

구분	사례
기업 ESG 평가(국내)	한국 ESG 기준원(KCGS), 서스틴베스트, 한국 ESG 연구소
기업 ESG 평가(해외)	모건스탠리캐피털 인터내셔널(MSCI), 다우존스 지속기능경영지수(DJSI), 서스테널리틱스(Sustainalytics), FTSF포굿(4Good), CDP, ISS, 레피니티브 등
ESG채권 인증기관(국내)	한국신용평가, NICE신용평가, 한국기업평가 안진회계법인, 삼정회계법인, 삼일회계법인, 한영회계법인

우가 많다. 국내 대표적인 ESG 평가기관 3개 사는 정부, 한국거래소, 자본시장연구원의 지원하에 '자율 규제'로 평가지표를 발표하는 한국ESG기준원(KCGS), 서스틴베스트, 한국ESG연구소가 있다.

한국ESG연구소는 대신경제연구소의 자회사로, 별도 독립 법인이다. 현재 ESG 채권 인증 및 등급 평가는 3대 신용평가사와 회계법인이 담당하고 있다.

해외의 대표적인 평가기관으로는 모건스탠리 산하 MSCI지수(Morgan Stanley Capital International ,Index)와 다우존스 지속가능경영지수(Dow Jones Sustainability Index, DJSI), 서스테이널리틱스(Sustainalytics) 등이 있다.

(1) MSCI

MSCI평가의 특징은 ESG 산업 특성을 환경, 사회, 지배구조별로 35개로 분류한 다음, 기업이 공개한 지속가능보고서와 홈페이지 공시 내용이 이에 부합한지를 평가한다. 이때 체크해야 할 내용은 해당 기업과 관련된 ESG 주요 이슈, 노출된 리스크 요소, 리스크 관리 사항 등이다. 해당 평가 기준에 따라 각각 0에서 10점까지 가중치를 매기고, 총점으로 최종 등급을 부여한다.

평가 세부 항목은 환경, 사회, 지배구조를 합해 총 117개다.

한국 사회에서 중요하게 다뤄지는 이슈를 부문별 평가에 반영한다.

MSCI ESG 평가기준

환경(0~10까지 점수 부여)				사회(0~10까지 점수 부여)				지배구조 (0~10까지 점수 부여)	
기후변화	천연자원	오염·쓰레기	환경 관련 기회	인적자원	제품에 대한 책임	이해관계자 관리	사회적 기회	지배구조	기업 형태
이산화탄소 배출	수자원 이용량	독성 물질 배출 및 폐기물	클린테크	노사 관계	제품 안정성과 품질	윤리적 자원 조달	통신 접근성	이사회 구조	기업윤리
제품의 탄소 발자국	생물 다양성과 토양 사용	포장재 및 쓰레기	친환경 건축	건강과 안전	화학물질로 부터의 언전	지역사회와의 관계	금융 접근성		
금융의 환경 영향	원자재 수급	전기 사용량	재생 에너지	인적 자원 개발	소비자에 대한 금융 측면 보호	전기 사용량	헬스케어 접근성	소유와 경영 분리 등 오너십 구조	
기후변화 대응				공급망 내의 근로기본법 준수	개인정보 보안		영양·보건 분야의 기회		

자료 : samsung semiconductor newsroom, 2022.9.에서 저자 재구성

(2) 한국ESG기준원

한국ESG기준원(KCGS)은 2003년부터 기업지배구조평가를 시행해 왔으며, 2011년부터는 사회 책임과 환경경영이 포함된 ESG 평가를 통해 국내 상장회사의 지속가능경영 수준을 평가해 왔다. KCGS는 기업의 지속 가능성 관행 개선을 유도하고, 이해관계자들에게 판단 정보를 제공하는 것을 목적으로 한다. 매년 900여 개 상장회사를 평가하며, 2018년부터 비상장 주요 금융기관의 지배구조도 별도로 평가해 왔다, KCGS의 ESG평가모형은 OECD기업지배구조 원칙과 ISO 26000 등 국제 기준에 부합하

며, 국내 법제 및 경영 환경을 반영해 개발된 독자적 평가 모형이다. KCGS ESG 평가는 환경, 사회, 지배구조로 영역이 나뉘어 있다. 환경의 경우, 업종에 따른 환경위험관리 및 성과 평가를 고려하고, 산업별 환경 민감도를 상중하로 구분하여 반영한다. 사회의 경우, 산업별로 이해관계자들이 제시하는 중대한 사회경영 이슈를 고려한다. 지배구조는 상장사와 금융회사의 특화된 지배구조요건과 이사회 내 주요위원회 설치 여부 등을 고려한다.[62]

(3) 서스틴베스트

서스틴베스트는 2007년 국내 최초로 기업지속가능성 평가 모형을 개발했다. 우리나라 상장기업 999곳을 대상으로 매년 2회 ESG 성과를 평가하고, 등급을 발표하고 있다. 서스틴베스트의 기업 평가 방법은 기본적으로 MSCI와 같아서 정보 수집, 주요 지표 측정, 지표별 점수 부여, 최종 등급 평가의 과정을 거친다. 평가 항목은 환경, 사회, 지배구조 3개 영역으로 나뉘는데, 환경 영역은 4개 항목, 8개 지표, 20개 세부 지표로 구성되어 있고, 사회 영역은 4개 항목, 13개 지표, 34개 세부 지표, 그리고 지배구조는 6개 항목, 18개 지표, 41개 세부 지표로 이루어져 있다. 서스틴베스트의 평가지표를 MSCI와 비교하면 큰 방향성은 같지만 환경이나 사회 영역보다 지배구조 영역을 더 세밀하게 분

62) 김태한 외(2022), 『100대 기업 ESG 담당자가 가장 자주 하는 질문』, 325-326p, 세이코리아.

류했다는 차이가 있다. 이는 서스틴베스트가 한국사회에서 특히 지배구조 문제가 가장 중요하다는 판단에 기인한다고 볼 수 있다. ESG 등급은 AA, A, BB, C, D, E 등 7개 등급으로 나뉘고, D등급 이하는 투자 배제 종목으로 분류하고 있다.[63]

63) 조신(2021), 『넥스트 자본주의, ESG』, 204-206p, 사회평론.

4) 인증 기준

인증 업무란 이용자의 신뢰 수준을 향상시키기 위하여 평가나 측정 결과를 인증책임자가 아닌 제3자에게 결론을 표명하는 업무이다. 다시 말하면, ESG 경영 정보의 인증이란 독립된 전문가가 기업의 ESG 경영 정보가 평가 기준에 따라 적법하게 작성되고 공시되었는지를 평가하여 정보 이용자에게 제공하는 업무를 말한다. 인증의 목적은 이용자의 신뢰 수준을 향상시키는 데 있다. 기업경영자가 생산하여 제공하는 ESG 경영 정보는 반드시 신뢰할 수 있는 것은 아니다. ESG에 대한 관심과 투자가 커짐에 따라 기업이 친환경적 측면을 과장하여 공시함으로써 친환경 기업이란 이미지를 얻으려고 위장하는 그린워싱, 즉 위장환경주의가 많이 등장하고 있다. 이러한 왜곡과 오류를 줄이기 위해 인증의 필요성이 제기된다. 인증은 인증 대상 정보 책임자, 즉 기업경영자가 아닌 독립된 제3자가 수행한다. 인증 서비스 제공자가 경영자로부터 독립되고 인증에 필요한 충분한 전문성을 가지고 있다면 인증된 정보는 신뢰할 수 있다. ESG 경영은 기업 자체의 지속 가능성은 물론 사회와 환경이 지속 가능한 발전을 이루는 데 필수적인 경영 방식이다. 시장에서 기업의 ESG 활동을 평가한 결과는 중요하며, ESG 경영 정보의 신뢰성은 시장과 사회, 환경과 및 기업이 지속 가능한 발전을 이루는 데 반드시 필요하다.

인증 업무는 인증을 둘러싼 세 주체, 즉 기업경영자와 투자자 그리고 인증 서비스 제공자 사이의 유기적 관계로 진행된다. 이 세 가지는 인증 업무를 통하여 이득을 얻는다. 첫째, 기업경영자는 기업이 제공하는 ESG 성과를 통해 외부 이해관계자의 신뢰 수준을 향상시키게 된다. 그리고 ESG 정보 인증은 ESG 경

ESG 인증업무

구분	내용	사례
인증대상정보	ESG경영에 관한 정보	사업보고서 또는 지속가능경영보고서 와 같은 별도의 보고서에 공시된 ESG경영정보
준거기준	ESG공시기준과 프레임워크	GPI, SASB, CDSB, IIRC, TCD 등이 제정한 각종 기준 및 프레임워크
인증대상정보의 작성책임자	기업경영자	경영자 또는 기업으로부터 ESG경영활동 보고 및 책임을 부여받은 자
인증서비스제공자	제3자인 인증 전문가	공인회계사, ESG 인증서비스 제공자
인증보고서 이용자	정보이용자	ESG 경영에 관한 이해관계자(주주, 채권자, 투자기관, 종업원, 정부, 시민단체 등)

출처 : ESG바로보기, KICPA(한국공인회계사회), 196에서 저자 재구성

영 활동을 측정하고 평가하는 내부 통제 절차와 프로세스의 미비점을 식별하고, 개선할 기회를 가져다준다. ESG 투자자와 ESG 금융기관에 긍정적인 영향을 준다. 이는 궁극적으로 기업의 지속 가능한 가치 창출 효과를 얻는다.

둘째, 투자자는 ESG 정보를 분석하여 기업의 경영 활동이 환경, 사회, 지배구조 측면에서 어떠한 성과를 가져왔는지를 살펴본 후 투자의사결정을 한다. ESG 인증 업무는 기업이 재무와 비재무적 측면에서 포괄적인 경영 성과를 투명하게 보여 준다. 셋째, 인증 서비스 제공자는 인증의 이점을 누리기보다는 시장이 건전하게 운영되게 하는 매개 역할을 한다. 인증 서비스 제공자의 독립성과 전문성이 높을수록 인증의 품질이 높아지고, 모두에게 유익을 가져다준다.[64]

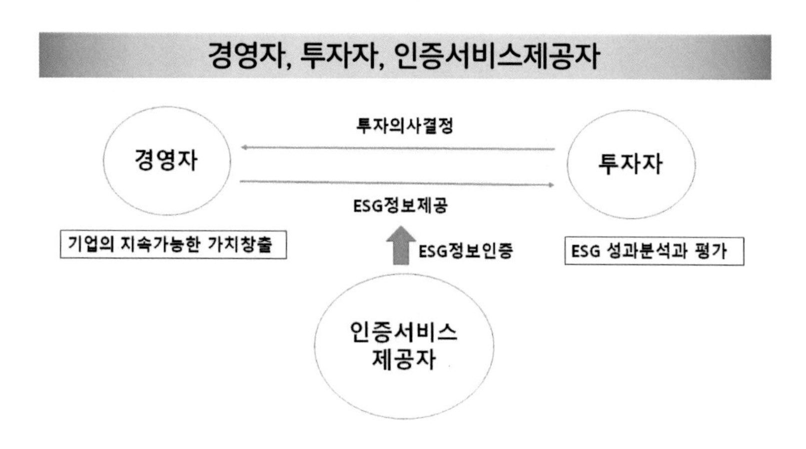

64) 강진영 외(2021), 『ESG 바로보기: 경영진을 위한 ESG 안내서』, KICPA(한국공인회계사회).

경영자와 투자자 그리고 인증 서비스 제공자는 각자가 필요로 하는 이점을 주고받는 관계이다.

제3자가 제공하는 ESG 정보는 재무제표에 의한 회계감사와 재무와 비재무적 측면을 포괄하는 경영 성과를 투명하게 보여준다. 특히 ESG 요소를 반영한 신용평가의 평가 지표 등의 자료는 투자자의 최적 의사 결정에 많은 도움을 준다. ESG 인증 서비스 제공자는 인증을 통해 환경과 사회에 기여하게 된다. 또한 인증 서비스 제공자의 독립성과 전문성이 높을수록 인증의 품질과 시장에 제공되는 인증 이점이 더욱 커진다. 경영자에게 ESG 경영에 대한 제3자 인증은 외부 이해관계자의 신뢰 수준을 향상시킨다.

5) ESG 평가 문제점

ESG 평가를 하는 기관은 전 세계적으로 200개 이상이고, 관련 지표가 600여 개나 돼 ESG 평가 결과가 기관마다 들쑥날쑥한 문제를 안고 있다. 대표적인 평가기관으로는 MSCI, 무디스, DJSI, S&P 글로벌, 서스테이널리틱스, 블룸버그 등이 있다. 국내에는 서스틴베스트, 한국ESG기준원, 한국ESG연구소 등이 있다. 이들 기관은 기업의 ESG 등급을 평가하기 위해 다양한 영역에서 자료를 수집하고 있다. 기업이 제출하는 자료와 인터뷰, 지속가능성보고서, 공시 자료는 물론 미디어 보도 자료와 내부 리서치 보고서 등을 활용하고 있다. 문제는 A 평가기관에서 높은 등급을 받은 기업이 B 평가기관에서 낮은 등급을 받는 사례가 늘고 있다는 점이다. 신용 등급을 평가하는 무디사, S&P사, 피치사가 평가한 신용 등급의 상관관계는 0.99에 이르는 데 비해 ESG 등급에 대한 기관별 상관관계는

주요 평가기관별 ESG등급상관관계

구분	MSCI	Sustainalytics	DISI (Dow Jones Sustainability Indice: 기업의 지속 가능성 평가수)	Bloomberg
MSCI	1	0.53	0.48	0.47
Sustainalytics		1	0.76	0.66
DJSI			1	0.68
Bloomberg				1

자료 : Real ESG, 이준호외, 살라북스, 2023, 경향신문, 137. 에서 저자 재구성

이에 훨씬 못 미친다. 주요 ESG 평가기관인 MSCI, Sustainalytics, DJSI, Bloomberg의 평가 등급 상관관계를 보면 다음 표와 같다.

MSCI와 Bloomberg 간 상관관계는 0.47에 불과하다. 가장 상관관계가 높은 것은 Sustainalytics와 DLSI 사이로 0.76이다.

이는 신용 등급은 어느 기관에서 받아도 유사한 수준의 등급을 받지만 ESG 등급은 제각각임을 말해 준다. 신용 등급은 자금차입 시 상환 능력과 부도 가능성을 보는 만큼 정량 지표를 통한 기관들의 평가가 거의 같다. 하지만 ESG 요소는 환경, 사회, 지배구조 등의 지표가 정성적이고 광범위하기 때문에 기관마다 측정 기준과 보고 기준이 다르다. 앞으로 ESG 관

련 투자가 크게 늘어나는 추세를 감안할 때, 신뢰도가 높고 일관성 있는 평가지표를 만드는 표준화 작업이 필요하다. 또한 투자자들의 투자 결정에 혼선을 가져오지 않도록 ESG 평가에 대한 감독과 규제가 필요하다.[65)]

---

65) 최남수(2022), 『넥스트 ESG』, 188-190p, 새빛북스.

참고 문헌

- 가토 야스유키 편저(2022), 최진아 옮김, 『ESG 투자의 연구: ESG way, 새로운 투자의 길을 묻다』, KMAC.
- 강성진 외(2021), 『ESG 제대로 이해하기』, 자유기업원.
- 강지수 외(2022), 『2050 ESG 혁명』, 라온북.
- 강진영 외(2021), 『ESG 바로보기: 경영진을 위한 ESG 안내서』, KICPA(한국공인회계사회).
- 권재열 외(2022), 『ESG 레볼루션 : 지속가능경영의 절대조건』, 캐피털북스.
- 금융위원회, 금융감독원, 한국거래소(2021), 「기업공시제도 종합 개선방안」.
- 김승욱(2023), 『ESG 경영과 지속가능 전략』 박영사.
- 김양민, 박지현(2021), 「ESG 또는 기업의 사회적 책임, 그리고 기업 재무성과: 실증연구 고찰과 향후 발전 방향」, 전략경영연구, 전략경영연구 제24권 제2호, 75-114p.
- 김영국(2024), 「중소기업 ESG 대응과 사회적 가치 제고를 위한 경영방안 연구」, 한국법이론실무학회, 법이론실무연구, 법이론실무연구 제12권 제1호, 11-52p.

- 김영국(2024), 「SDGs와 ESG 시대의 위기관리 경영: 리스크관리의 진화와 전망을 중심으로」, 한국법이론실무학회 / 법이론실무연구, 제12권 제2호, 281-322p.
- 김용섭(2022), 『ESG 2.0 자본주의가 선택한 미래 생존 전략』, 퍼블리온.
- 김재필(2021), 『ESG 혁명이 온다』, 한스미디어.
- 김재호(2020), '비재무보고 국제기준의 단일화 동향' 심포지엄 발표 자료, 한국공인회계사회, '비재무보고 동향과 대응 방안' 심포지엄 발표 자료.
- 김학겸, 안희준(2021), 「사회책임투자채권에 발행프리미엄이 존재하는가?: COVID-19를 전후한 분석」, 한국증권학회, 한국증권학회지, 369-409p.
- 김태한 외(2022), 『100대 기업 ESG 담당자가 가장 자주 하는 질문』, 세이코리아.
- 한상범 외(2021), 『글로벌 ESG 동향 및 국가의 전략적 역할(ODA 정책 연구 21-01)』, 대외경제정책연구원.
- 대한상공회의소(2021), 중소 중견기업의 ESG 경영 필요성.
- 도현명(2020), 이방실 기자 정리, <기업가치 높이려면 ESG를 경영전략에 통합하라>, DBR Special Report.
- 론 애드너(2022), 『올바르게 승리하라(복잡하고 파괴적인 생태계 세상에서 판도를 바꿀 7가지 경영 전략)』, 로크미디어.
- 마르코 이안시티 외(2020), 『온택트 경영학: 위기를 기회로 바꾸는 디지털 트랜스포메이션 전략』, 비즈니스랩.
- 매일경제 ESG팀(2021), 『이것이 ESG다: 생생한 사례와 전문가들의 알토란 지식』, 매일경제신문사:매경출판.
- 민재형, 김범석(2020), 「기업의 ESG 노력은 지속가능경영의 당위적 명제인가? 기업의 재무상태에 따른 비재무적 책임 향상 노력의 차별적 효과」, 한국경영과학회, 제36호 제1회, 17-35p.
- 박기찬 외(2022), 『ESG 경영을 읽는다: ESG 경영보고서 작성 임직원 필독서』, 한올.

- 박영석, 이효섭(2021), 「기업의 ESG 경영 촉진을 위한 금융의 역할」, 자본시장연구원.
- 박지성, 장태수, 전상길(2022), 「생물학과의 통섭을 위한 MZ세대에 대한 이해와 MZ세대 인력운영방안 모색」, 인사조직연구, 30. 3, 53-78p.
- 박태영 외(2021), 『ESG의 구조: 착한 ESG 그리고 위험한 ES+G』, 문우사.
- 법무법인 지평(2021), 'EU, 소셜 택소노미(social taxonomy)' 초안 보고서 발표.
- 배종석 외(2021), 『ESG 시대의 사회적 가치와 지속가능경영』, 클라우드나인.
- 빌 게이츠(2021), 『빌 게이츠, 기후 재앙을 피하는 법』, 김영사.
- 산업통상자원부(2021), <산업부, K-ESG 지표정립 본격 착수> 보도 자료.
- 삼일회계법인(2021), PwC 기후기술 2021 보고서.
- 삼정KPMG 경제연구원(2021), <ESG의 부상, 기업은 무엇을 준비해야 하는가?>, Samjong Insight (Vol.74).
- 소비자평가원(2021), 친환경주의에 숨은 그린워싱.
- 손준호(2022), 『환경경영: ESG 경영의 초석』, 책과 나무.
- 송주형 외(2022), 『ESG 투자의 시대 - 앞으로 10년, 미래를 지배할 투자와 경영』, 북오션.
- 송호근 외(2023), 『ESG시대의 지속가능경영 기업시민』, 플랜비디자인.
- 신지영(2022), 『지금 당장 ESG: 전 직원이 함께하는 ESG 실무 교과서』, 천그루숲.
- 신지현(2022), 『한 권으로 끝내는 ESG 수업: 대기업부터 중소기업, 스타트업까지 현장에서 통하는 ESG 인사이트』, 중앙books.
- 아주경제(2021a), '기업경영의 뉴 패러다임 : 왜 ESG인가…밀레니엄세대, ESG 경영요구 확산'.
- 아주경제(2021b), 'ESG 우등생되는 법 : 기업리더십에 달렸다'.
- 알렉스 에드먼스(2021), 『ESG 파이코노믹스 - 사회적 가치와 이윤을 동시에 창출하는 전략』, 매일경제신문사.

- 유지혜(2020), 탄소가격제 현황 및 최근 동향, KDB미래전략연구소 미래전략개발부.
- 유창조(2021), 『소비자가 주도하는 ESG 모델 : 블랙야크가 제안하는 플라스틱 재앙 예방 국민운동』, 서울경제경영출판사.
- 이보균(2021), 『변혁의 시대 ESG리더십 (리더가 지향해야 할 근본적인 가치와 방향)』, 카모마일북스.
- 이시연(2022), 「국내외 ESG 투자 현황 및 건전한 투자 생태계 조성을 위한 시사점」, 한국금융연구원, KIF 금융조사리포트; 2021-03.
- 이종재(2021), ESG 경영의 대두와 융합의 현장, 한국융합경영학회.
- 이준희 외(2023), 『ESG 생존 경영 : 메가 리스크 시대를 돌파하는 기업의 필수무기』, 중앙books.
- 이형종(2021), 『ESG 경영과 자본주의 혁신』, 21세기북스.
- 이진성 외(2022), 『ESG 경영의 이해와 실제』, 원더북스.
- 이태호(2023), 『ESG의 이해와 실천』, 율곡출판사.
- 조신(2021), 『넥스트 자본주의, ESG』, 사회평론.
- 조인호(2021), 「기업책임경영(RBC)과 ESG 관리를 통한 새로운 형태의 클레임 대응 : 이니셔티브를 중심으로」, 무역상무연구, 261-283p.
- 한국경제신문 특별취재팀(2022), 『한경무크 : ESG 2.0 비즈니스모델이 달라졌다』, 한국경제신문,
- 사회적책임경영품질원, ESG경영연구회(2021), 『지속가능성장을 위한 ESG 경영전략』, 자유아카데미.
- 최남수(2022), 『넥스트 ESG: ESG경영을 업그레이드하라!』, 새빛.
- 리베카 핸더슨, 이관휘(2021), 『자본주의 대전환 - 하버드 ESG 경영 수업』, 어크로스.
- 최유경, 정아름(2021), 사회적 가치 창출을 위한 ESG 활용방안, 자본시장연구원.

- 한국기업지배구조원(2020), ESG와 기업의 장기적 성장.
- 한국생산성본부(2020), '2020 다우존스 지속가능경영지수(DJSI) 평가결과 발표', 2020.11.13 보도 자료.
- 한국경제신문 및 한국경제매거진 전문기자(2021), 『한경무크: ESG K-기업 서바이벌 플랜 - 개념부터 실무까지』, 한국경제신문.
- 한국거래소(2021), ESG 정보공개 가이던스.
- 한국경제신문 특별취재팀(2022), 『한경무크: ESG 2.0 - 비즈니스 모델이 달라졌다』, 한국경제신문.
- 한국경제신문(2021 10월호), 『한경ESG』.
- 권미엽 외(2022), 『ESG, 한 권에 담았다』, 한국공인회계사회.
- 한정수(2020), '"ESG 최대 화두는 기후변화"…탄소배출 감축에 생사 갈린다', 머니투데이.
- 한지영(2020), '호주의 대형산불, ESG 투자에 불을 지피다', 케이프투자증권.
- 환경부(2021), 『탄소중립 생활 실천 안내서』, 환경부.
- 황원지(2021), "넷제로만 유지하면 20년 안에 기후변화 막을 수 있을 것", 조선비즈.

- Accountability(2020), AA1000 Assurance Standard v3.
- Allianz(2021), Allianz ESG Integration Framework, Version 4.0, Available from https://www.allianz.com/content/dam/onemarketing/azcom/Allianz_com/sustainability/documents/Allianz_ESG_Integration_Eramework.pdf.
- CDP, CDSB, GRI, IIRC and SASB(2020), Reporting on Enterprise Value: Illustrated with a Prototype Climate-related Financial Disclosure Standard.
- George Serafeim(2020), Social-Impact Efforts That Create Real Value, HBR.
- Global Reporting Initiative(2020), GRI Sustainability Reporting Standards.
- International Auditing and Assurance Standards Board(2021), Non-Authoritative Guidance on Applying ISA 3000(Revised) to Extended External Reporting(EER) Assurance Engagement.
- International Capital Market Association(2019), Working Towards a Harmonized Framework for Impact Reporting for Social Bonds.
- International Capital Market Association(2020), Harmonized Framework for Impact Reporting.
- International Capital Market Association(2021), Green Bond Principles.
- International Capital Market Association(2021), Social Bond Principles.
- International Capital Market Association(2021), Sustainability Bond Guidelines.
- Li, H., Terjesen, S., & Umans, T. (2020), Corporate governance in entrepreneurial firms: a systematic review and research agenda, Small Business Economics, 54(1), 43-74.
- Nestle(2022), Reporting Scope and Methodology for ESG Key

Performance Indicators, https://www.nestle.com/sities/default/files/2022-03/reporting-scope-methodology-esg-kpis-2021en.pdf.

- Renewable Energy 100(2021), RE100 Reporting Guidance.
- Schwab, K. and Vanham, P.(2021), Stakeholder Capitalism: A critical Economy that Works for Progress, People and Planet. Wiley.